Newton Compton Editores

© 2024, Francesc Domènech Salazar
© 2024, Enrique Schiaffino, por las ilustraciones
© 2024, de esta edición por Antonio Vallardi Editore S.u.r.l., Milán

Todos los derechos reservados

Primera edición: noviembre de 2024

Newton Compton Editores es un sello de Antonio Vallardi Editore S.u.r.l.
Pl. Urquinaona, 11, 3.º 1.ª izq. Barcelona, 08010 (España)
www.newtoncomptoneditores.com

Gruppo editoriale Mauri Spagnol S.p.A.
www.maurispagnol.it

ISBN: 978-84-10080-77-5
Código IBIC: WS
DL: B 14.051-2024

Composición:
Javier Sánchez Meco

Diseño de interiores:
David Pablo

Impreso en noviembre de 2024 en Puntoweb s.r.l., Ariccia (Roma), en Italia.

Francesc Domènech Salazar

Los campeones que han hecho grande al Barça

Ilustraciones de Enrique Schiaffino

Newton Compton Editores

Barcelona, 2024

Introducción

El 29 de noviembre de 1899 nacía el Fútbol Club Barcelona, un club fundado en el Gimnàs Solé por un ciudadano suizo residente en la Ciudad Condal, Joan Gamper. Para mí es el mejor club del mundo, pero, por supuesto, puede haber otras opiniones, eso sí, seguramente equivocadas. «Esto es una pasión, y las pasiones son bastantes inexplicables, no se entiende nada de lo que pasa en el fútbol», escribía el humorista gráfico y escritor argentino Roberto Fontanarossa. Sentimos pasión por los colores azulgranas, pasión por los jugadores, pasión por los entrenadores, incluso pasión por los presidentes que han gestionado la institución: todos ellos han configurado la historia de este gran club desde aquel 29 de noviembre de 1899. En la memoria de muchas generaciones de culés anidan nombres como Leo Messi, Johan Cruyff, Pep Guardiola, Ladislao Kubala o Paulino Alcántara, leyendas en el campo que han marcado las épocas doradas del club y han llenado de copas las vitrinas y de gritos y cánticos los estadios. Además de ellos, un sinfín de jugadores, entrenadores y presidentes han puesto su grano de arena para que el Fútbol Club Barcelona se haya agigantado con el paso de los años.

Este libro es por encima de todo una cita con la historia del club para recordarles y acercarles a ídolos que quizá todavía no conozcan. Porque siempre hay ídolos del club de tu vida por descubrir. Y más en uno con 125 años de historia.

En esta compilación de leyendas, como en cualquier convocatoria de un entrenador –ya lo notarán–, hay líderes que se han quedado fuera. Como en todas las listas, no están todos los que lo merecerían, pero el libro intenta representar un mosaico fiel –a caballo entre la nostalgia y la microbiografía– dedicado a todos aquellos que en algún momento de nuestras vidas han construido un rincón de seguridad emocional con el que soñar despiertos. Sobre este deporte, el escritor Juan Villoro decía: «El fútbol es la parte predecible de nuestra vida. No estamos seguros de encontrar tiempo para ir al dentista o al supermercado, pero sabemos con estratégica anticipación dónde veremos la final de la Champions».

Este libro pretende ser un homenaje a los grandes campeones que hicieron historia con el Barcelona en todas las décadas, desde las etapas más gloriosas a las más tristes pasando por las más épicas. Ya lo sabemos, el Fútbol Club Barcelona se ha convertido en un referente deportivo –no solo futbolístico– mundial. Y, para más gloria, ha trascendido el mundo del deporte y no ha sido ajeno a los movimientos políticos y sociales del país. Desde su fundación ha sido un motor que inequívocamente ha vertebrado la sociedad catalana: no podemos olvidar su papel durante la guerra civil española o la dictadura franquista. Nada de eso sería posible sin la gran cantidad de jugadores, entrenadores, presidentes y otros actores secundarios, aunque a veces con papel principal o primordial dentro del club, que han construido la historia de esta institución. Para mantener la memoria viva de todos los que con pasión le han ayudado a llegar hasta aquí, lean y disfruten.

Tot el camp
és un clam
som la gent blaugrana.
Tant se val d'on venim
si del sud o del nord
ara estem d'acord, estem d'acord,
una bandera ens agermana.
Blaugrana al vent
un crit valent
tenim un nom
el sap tothom:
Barça, Barça, Barça!

Jugadors
Seguidors
tots units fem força.
Són molts anys plens d'afanys,
són molts gols que hem cridat
i s'ha demostrat, s'ha demostrat,
que mai ningú no ens podrà tòrcer.
Blaugrana al vent
un crit valent
tenim un nom
el sap tothom:
Barça, Barça, Barça!

FUTBOLISTAS

Aitana Bonmatí

Descaro y valentía a partes iguales. Con pasión y determinación jugaba al fútbol de pequeña con los chicos en el patio del colegio El Pi, de la localidad de Sant Pere de Ribes. Fue en ese momento cuando se apuntó al equipo de su pueblo, el CD Ribes. Tenía siete años, corría el año 2005. El entrenador de fútbol base, Rubén Bernardo, fue la persona que vio dar los primeros toques al balón a Aitana Bonmatí: «Ella era la única chica en el equipo. Incluso te podría decir, si no me falla la memoria, que era la única chica que teníamos en el club en aquella época», dijo en 2023 en unas declaraciones a La Sexta. Aitana jugó en el club de Sant Pere de Ribes hasta el 2010, cuando fichó por el Cubelles, equipo en el que jugó dos años. A partir de la temporada 2012-2013, disputó solo con chicas, tal y como mandaba la reglamentación. Fue entonces cuando el Fútbol Club Barcelona se unió a su viaje futbolístico.

Aitana, culé desde pequeña, suele explicar que el centrocampista Xavi Hernández ha sido su ídolo siempre, no solo por cómo jugaba, sino por cómo era: un referente de la casa que, cuando Aitana era pequeña, brillaba como nadie en el club. Es una persona a la que aprecia mucho. «Entonces fue cuando me fichó el FC Barcelona. Sería un orgullo para mí que las niñas me vean como yo he visto a Xavi. Tengo una responsabilidad no solo en el campo sino fuera. Al final transmitimos valores y eso es más importante que lo que transmites en el campo», sentenció la azulgrana en rueda de prensa antes de un partido de la Women Champions League.

Estuvo dos años en el cadete-juvenil y dos más en el Barça B

antes de dar el salto al primer equipo. Con su ídolo Xavi comparte una excepcional visión de juego, una técnica inmejorable y una incansable competitividad. No en vano, desde su debut en el año 2016, su carrera ha sido mejor cada temporada. En 2019 jugó de titular en la final de la Liga de Campeones, a pesar de que el Barcelona no la ganó. En la temporada 2020-2021 ganó la Women Champions League contra el Chelsea, con Lluís Cortés en el banquillo. Suma cinco títulos ligueros, dos ligas de campeones y, después de una espectacular temporada con el Fútbol Club Barcelona, con el que ganó la Champions League, su hito más importante: el Balón de Oro –en 2023– que otorga la revista *France Football*. «Reconozco que soy una persona a la que le cuesta disfrutar del camino, porque soy muy exigente, aunque cada vez intento desarrollar más habilidades para ello. Es decir, un premio individual no me va a cambiar la vida en cuanto a querer siempre más: eso lo llevo de serie. Esa misma autoexigencia que me ha traído hasta aquí es la que también, a veces, me hace disfrutar poco», dijo en diciembre del 2023 a la revista *Vogue Spain*. Además, ese mismo año, venía de ganar el Mundial con la selección española.

Además de a Xavi Hernández, Aitana admira a Pep Guardiola y lleva el 14 icónico de Johan Cruyff. De hecho, lleva el cruyffismo en las venas. Y no solo el futbolístico. Su nombre es por sí solo una decisión al más puro estilo del neerlandés: su primer apellido, Bonmatí, es el de la madre, y el segundo, Conca, el del padre. Un cambio de orden decidido por ellos mismos en el año 1998 en un país donde el apellido paterno era el que se heredaba. El desafío a la ley española dio sus frutos. Seguramente también su dimensión trasciende de lo futbolístico. Aitana se ha convertido –por voluntad propia– en abanderada de los cambios sociales, y cree que la revolución futbolística debe servir para modificar otras capas de la sociedad. Siempre ha tenido claro que su ejemplo sirve de espejo para mucha gente y conlleva una responsabilidad: «Al final siempre pienso qué hago más allá de ser futbolista profesional, más allá del terreno de juego. Llegamos a muchísimas casas, tenemos una voz más importante, y me gusta utilizarla para reivindicar situaciones o temas que lo necesitan. Ya sea más a nivel que nos toca a nosotras, como el empoderamiento de la mujer o todo lo que ha pasado este año, o temas sociales de los grupos más desfavorecidos, como los refugiados, entre otros grupos, en los cuales me intento involucrar al tener este altavoz, porque mucha gente no sabe lo que pasa. Dar a conocer este tipo de problemas que hay en el mundo, que son muchos. Ya me gustaría abastecer a todos, pero es que es imposible. Lo hago porque me gratifica también poder ayudar a las personas que más lo necesitan», dijo en una entrevista concedida a la página web de la FIFA.

Líder en el campo, pero también fuera de él, Aitana sabe que la profesión del futbolista flirtea con la fragilidad laboral una vez colgadas las botas. En abril de 2024 le preguntaron al respecto: «¿Me gustaría ser entrenadora en el futuro? Nunca debería decir nunca, pero preferiría dedicarme a la gestión de directora deportiva. Siempre estaría conectada con el fútbol». Sobre el futuro de Aitana, en el documental *Aitana Bonmatí Conca*, del periodista Xavi Torres y emitido por 3Cat, la jugadora retó a Pep Guardiola en una conversación entre estos dos iconos del barcelonismo: «Yo estaré en el club y como tú entrenarás hasta los ochenta años...». «Te agradezco mucho la oferta», contestó Pep. «Todavía no te la he hecho», apuntó Aitana. La respuesta de Pep Guardiola a Aitana no deja lugar a dudas: «Vendría gratis, no sufras. No sería una cuestión económica. Pero aquí habrá un problema que debo advertirte: yo seré el presidente y seré yo quien te fichará como directora deportiva». «Quizá cuando dejes de entrenar a los ochenta años...», le contestó la de Sant Pere de Ribes. «No, no... Yo he dicho que podría entrenar hasta los ochenta años... Veremos quién hace la oferta a quién», contestó entre risas Pep. Y añadió un último detalle: «Tú acabarás siendo entrenadora. Porque estarás arriba y verás cosas que querrás hacer y no podrás. Lo más cercano a ser jugador es ser entrenador», asegura Guardiola en el documental. Aitana le replica: «Me mueve poder crear yo la estructura, decidir quién sí, quién no, ser líder del proceso. Quién sabe si acabo de entrenadora, no me cierro las puertas».

Aitor Begiristain,
«Txiki»

El personaje de Pinocho sirvió para que muchos niños asociasen tener una gran nariz con ser mentiroso. Txiki Begiristain también tenía –y tiene– una nariz grande, pero su tamaño no tiene nada que ver con las mentiras. En su caso, tiene que ver con su máxima virtud: el olfato; olfato futbolístico, concretamente. Johan Cruyff siempre decía que Txiki era el más listo de todos. Lo vio jugar en la Real Sociedad y pidió al presidente Josep Lluís Núñez que lo trajera para armar su Dream Team. Los analistas siempre dijeron que era un jugador muy inteligente, dotado técnicamente y que se movía muy bien por la banda. Rápido y regateador, no dejaba dormir a los defensas rivales antes del partido. Y tampoco después.

El futbolista guipuzcoano llegó el mes de mayo de 1988 al Barcelona proveniente de la Real Sociedad. Le acompañaron en su viaje a Barcelona los también donostiarras José Mari Bakero y Luis López Rekarte. Euskalona, Vasquelona y EuskoBarça son algunos de los apodos que se le pusieron al club en un primer momento. Johan Cruyff afirmó en el año 2014, en el programa *Viajando con Chester*, de Cuatro: «Cuando llegué, en el equipo ya había tres jugadores vascos y fiché a cuatro más porque eran valientes y en aquel entonces los jugadores catalanes no lo eran. Algunos no lo eran. Ahora ya es diferente».

Además, Txiki fue una persona carismática. Tuvo buena imagen y ha pasado a la historia como alguien que supo no tomarse muy en serio a sí mismo. Si hablamos de fútbol, en sus primeros años Txiki Begiristain empezó jugando como

extremo izquierdo, una posición en la que había destacado durante seis temporadas. Aun así, la evolución táctica constante del equipo de Johan Cruyff lo convirtió en un futbolista polivalente: era capaz de jugar en cualquiera de las posiciones de ataque o como mediapunta. De hecho, hasta la llegada del delantero centro Romário, podríamos bautizar a Txiki como el Delantero Invisible, porque muchos de sus goles los marcaba apareciendo desde atrás, entre líneas. En todas las temporadas que estuvo en el Barça ganó cuatro ligas seguidas y también consiguió la tan anhelada Copa de Europa en 1992. También conquistó una Recopa y una Supercopa de Europa con los culés.

Txiki era una baza ofensiva del Dream Team en la banda derecha; en la izquierda, el equipo tenía al búlgaro Hristo Stoichkov. Ambos eran dos delanteros que jugaban por las bandas y eran letales en la zona de ataque. Juntos consiguieron alcanzar la gloria, pero Txiki también vivió en primera persona la fatídica final de la Copa de Europa de Atenas de 1994, lo que para muchos es el fin del Dream Team, el punto final al que había sido uno de los mejores equipos de la historia del fútbol. Con la derrota contra el Milan por cuatro goles a cero se cerró un ciclo y muchos jugadores –entre ellos Txiki– tuvieron que dejar el Barcelona para pasar página.

El delantero de Olaberría concedió el 30 de junio de 1995 una entrevista a *Mundo Deportivo*: «¿En qué momento vio cerca su final en el Barça? El año pasado, en el Mundial, cuando se habló del interés del Athletic por mí y por Goiko. Pese a que me quedaba un año de contrato, tenía claro que, si el club me hacía la mínima insinuación a que aprovechara una oportunidad como esa, me habría marchado. Porque uno vive de esas sensaciones, de la idea que puedan albergar los demás sobre él. Opino que el jugador necesita sentirse querido, apreciado en el sentido de que cuentan contigo. Si en ese momento hubiera observado ciertas dudas, probablemente estaría en el Athletic». Y añadían: «¿Se marcha resignado? No, qué va. Me marcho porque creo que ha acabado una etapa y porque ellos quieren otros jugadores y entienden que yo ya no puedo dar lo que siempre he dado».

Al dejar el Barcelona, en 1995, siguió con su periplo en la liga española jugando en el Deportivo de la Coruña, donde consiguió la Supercopa de España. Su último destino futbolístico fue Japón. Siguió vinculado al fútbol y el año 2003 fue nombrado secretario técnico del Barça durante el primer mandato de Joan Laporta. Tuvo a sus órdenes primero al entrenador holandés Frank Rijkaard y después a Pep Guardiola. Cuando Laporta dejó la presidencia, también fue relegado de su cargo. En 2012 el Manchester City, de la Premier League, lo fichó como director deportivo. En esta etapa ha demostrado que mantiene vivo su instinto y su gran olfato futbolístico.

Alexia Putellas

«Estoy un poco emocionada. Es un momento muy especial. Tengo aquí a mis compañeras, vivir esto con ellas me hace muy feliz. Quiero empezar agradeciendo a todas ellas, y al resto de mis compañeras, esto es un premio individual, pero es un éxito colectivo». Estas fueron las palabras de Alexia Putellas en el Teatro del Châtelet, de París, cuando recibió en 2021 el primer Balón de Oro de su carrera –el año siguiente conseguiría otro–. En aquel momento se convertía en la segunda deportista española en conseguirlo, después de Luis Suárez Miramontes, que logró el trofeo en 1961. Y en su discurso de agradecimiento también añadió: «Si me lo permitís, voy a intentar dedicarle esto a alguien que siempre será muy especial para mí. Por quien hago todo. Espero que estés muy orgulloso de todo lo que hace tu hija; estés donde estés, esto va por ti, papá». Su padre, Jaume, murió cuando ella tenía dieciocho años. Él fue uno de los trampolines futbolísticos y emocionales de Alexia, aquella niña nacida en el año 1994 en Mollet del Vallès que jugaba en el patio del colegio y que, con siete años, como su madre ha explicado en innumerables entrevistas, les dijo en casa que quería jugar al fútbol. Fue entonces cuando la apuntaron al Centre d'Esports Sabadell.

A los diez años consiguió convencer a su padre para que la apuntara al campus deportivo que se hacía en verano de uno de sus ídolos: Xavi Hernández. Tras cuatro años en el club arlequinado, esta jugadora ya persistente y competitiva logró entrar en las categorías inferiores del Fútbol Club Barcelona, su club preferido. Ahora bien, se vio inmersa

en un proceso de restructuración del fútbol base y el club azulgrana le comunicó que no podía seguir. La acogió otro de los clubes que cuenta también con un proyecto deportivo femenino atractivo: el Real Club Deportivo Espanyol. Estuvo dos temporadas en el club blanquiazul y a los dieciséis años consiguió debutar en primera división. En la temporada 2011-2012 se marchó al Levante, equipo con el que el primer año marcó quince goles en treinta y cuatro partidos. ¿Cómo volvió al Barcelona? Su fichaje lo llevó a cabo Xavi Llorens, técnico histórico del Barça femenino que nunca le perdió la pista a pesar de haberla dejado escapar cuando se realizó la reorganización del fútbol base. Consiguió que, con dieciocho años, volviera al club de su vida tras explicarle el proyecto deportivo que tenía reservado para ella. Y no se equivocó. Xavi Llorens definió a Alexia, en una entrevista concedida a *Mundo Deportivo*, como «una persona tan profesional y tan competitiva que nunca está contenta con lo que hace y siempre quiere más y más, y eso es lo que le ha hecho crecer de esta forma». Su técnico de 2012 a 2017 explicó también al rotativo que «Alexia no se lo propone, le sale de forma natural. No le gusta ser famosa, lo que le gusta es el fútbol y jugar bien».

El primer gol vestida de azulgrana lo marcó el 30 de septiembre del 2012, y desde entonces ha jugado cuatrocientos dieciocho partidos oficiales y ha marcado ciento ochenta y siete goles. Desde su llegada al Barcelona, Alexia se ha consolidado como uno de los pilares del equipo y también una de las mejores futbolistas del mundo. Es inteligente y tiene una lucidez especial para entender el juego desde el centro del campo, además de una enorme capacidad goleadora. Como reconocen muchos de los responsables del club, el éxito de los últimos años de la sección no puede explicarse sin nombrar la influencia que ha ejercido ella en el juego de los equipos. Desde su llegada al conjunto azulgrana, la sección levanta siete

Copas de la Reina, ocho ligas y dos Ligas de Campeonas. Con el dorsal once a la espalda, ha sido capitana culé y una de las referentes de las nuevas generaciones de futbolistas que sueñan con vestir la camiseta azulgrana. La delantera de Mollet del Vallès cuenta entre sus logros el de haber marcado el primer gol oficial del Barça femenino en el Camp Nou. Fue precisamente en un derbi contra el Espanyol el 6 de enero de 2021. El Barça femenino había jugado por primera vez en el Camp Nou en 1970, pero aquel equipo de Immaculada Cabecerán, Lolita Ortiz y compañía no competía todavía con las siglas del Barça actual, así que se considera que el de Alexia es el primer gol oficial. Ella misma expresó sus sensaciones en una carta dirigida a toda la afición para expresar la emoción del momento: «Ahora que ya han pasado unos días, me gustaría explicaros todo lo que vivimos el día de Reyes, cuando pudimos jugar en el Camp Nou por primera vez. Como sabéis, soy culé de nacimiento y esto suponía un hito muy especial para mí. Durante la Navidad lo estuvimos comentando en casa y, con mi tía, coincidimos que el primer partido que recuerdo en el Camp Nou precisamente era un Barça-Espanyol, cuando tenía seis años. Aún guardo con mucho cariño varias fotos de ese día. ¡Incluso con el Avi del Barça!», empezaba Alexia. Y seguía: «Solo llegar al vestuario salí a inspeccionar el campo, lo que me gusta hacer antes de cada partido. Os garantizo que cuando sales de las escaleras del túnel impresiona lo que ves..., ¡y eso que no había público en las gradas! Fue un privilegio ser la capitana de este partido. En el corro previo al grito de guerra en el vestuario intenté transmitir a las compañeras que dejáramos de lado las emociones que nos pudieran neutralizar nuestro juego y que nos focalizáramos en competir. En cierta medida es triste, porque no piensas en disfrutar, sino en ganar y en aportar por el objetivo común, que es ganar la liga. Cuando llegas a casa o ves resúmenes es cuando realmente te das cuenta de que has jugado en el Camp Nou. Os tengo que confesar que no fui consciente de dónde estaba jugando hasta más tarde». El partido terminó cinco a cero, una manita contra el eterno rival y sin público porque se tuvo que jugar a puerta cerrada a causa de la pandemia. «Nos quedaba un pedacito de sabor agrio a pesar de toda la dulzura experimentada. Teníamos un vacío y aquella fotografía de todas del final quiso reflejar el recuerdo para todos los que no pudieron estar, principalmente la afición que siempre nos acompaña y nos protege en el Johan, así como los familiares y amigos que siempre nos han ofrecido apoyo incondicional. Con todo el agradecimiento al club por habernos abierto el estadio cincuenta años después de las pioneras, esperamos que podamos volver pronto y con el calor de todos los culés muy cerca». Alexia consiguió el primer gol oficial en el Camp Nou, pero, además, en el año 2019, también había marcado el primer gol en el estreno del Johan Cruyff. El Barça femenino ha disputado, en toda su historia futbolística hasta el 2024, siete partidos en el Camp Nou con público. El 30 de marzo del 2022 vivió un momento histórico al batir el récord de espectadores en un partido femenino contra el Real Madrid: 91 553 espectadores. Un récord que se volvió a superar el 21 de abril del mismo año contra el Wolfsburgo, en un partido que vieron 91 648 personas.

El 5 de julio del 2022, poco antes de la Eurocopa femenina, Alexia Putellas se rompió el ligamento cruzado anterior de la rodilla izquierda, una de las peores lesiones que puede sufrir un deportista. A partir de ese momento y después de una operación, la futbolista inició un proceso de recuperación que la dejó diez meses fuera de los terrenos de juego. La centrocampista siempre fue muy precavida hablando de plazos y quiso volver cuando estuviera al cien por cien. Lo cierto es que, a pesar de volver a jugar en abril del 2023, Alexia no fue la misma. A finales de ese año, en noviembre, volvió a lesionarse y tuvo que someterse a otra operación para solucionar sus problemas en el menisco. En marzo de 2024 volvió a jugar con sus compañeras para ayudar al equipo a ganar la Copa de la Reina y la liga.

Alexia, consciente también de su dimensión pública, fuera del terreno de juego se ha mostrado siempre como una persona discreta. Lo intentaba resumir ella misma en una entrevista concedida al diario *EL PAÍS* el 3 de marzo del 2023. Le preguntaron si era mala amante la fama. «Es mala amante si no sabes gestionarla bien. Puedo entender perfectamente que en el final del túnel haya depresión. Yo fluyo y hago, como mejor puedo, lo que sé hacer, que es jugar al fútbol. Pero no elijo ser una referente. Es la gente la que te pone en ese lugar. La fama, o ser famoso, puede condicionar tu forma de ser, por lo que otras personas piensen o digan. Y eso es lo que puede ser peligroso. Yo me siento cómoda cuando soy yo. No me gusta hablar por hablar. Si hago algo es porque me inquieta».

Andrés Iniesta

La leyenda de uno de los grandes capitanes del Barça se explica, entre muchas otras cosas, con lo que pasó el 6 de mayo de 2009. El Barça juega el partido de vuelta de las semifinales de la Champions League contra el Chelsea en Stamford Bridge. El tiempo se acaba y los azulgranas necesitan un gol si no quieren quedar eliminados de la competición. En el minuto noventa y dos, en la última jugada del partido, Iniesta empalma en el borde del área un pase atrás de Leo Messi y envía el balón a la escuadra, clasificando a los culés para la final de Roma, que terminarán ganando. «Ayer se dio el caso para suerte del Barça, siempre positivo, y escarnio del Chelsea, mayormente negativo», escribía al día siguiente el periodista Ramon Besa en *EL PAÍS*. «Ardió Stamford Bridge en un minuto mientras se iluminaba Barcelona con un gol en el tiempo añadido de Iniesta. La pelota entró a cámara lenta, limpia, para que la acción pudiera ser saboreada. Una delicia. Iniesta marcó en una dejada de Messi, y Essien en un rechace. El uno no tiene nada que ver con el otro. Los goles fueron al fin y al cabo una fotografía del juego del Chelsea y del Barça, que alcanza la final de la Champions en Roma con un fútbol exquisito después de asegurarse prácticamente la liga y pelear el miércoles por la Copa. Aspira el Barça al triplete una vez superado el partido más exigente y excitante de la temporada. Apareció Iniesta, como Bakero en Kaiserslautern hace dieciocho años, y, supercalifragilístico como es, la puso en la cruceta, en el paraíso, en el punto más imposible, camino de Roma». Años después, en Barça TV, el propio Andrés Iniesta recordó cómo vivió aquellos

instantes mágicos en Londres: «Me vienen los recuerdos que he vivido a nivel personal y colectivo. Recuerdo que estábamos a un paso de estar en la final, veníamos de ganar al Real Madrid (2-6) y casi habíamos sentenciado la liga, fue un partido muy difícil. Prácticamente no tiramos entre los tres palos durante todo el partido, pero seguimos insistiendo hasta el final. Y cuando nadie lo imaginaba llegó ese 1-1 que nos dio la clasificación». El gol marcó un punto de inflexión en la carrera de Iniesta. «Tuvo una importancia brutal y, a nivel personal, uno de los mejores momentos que he vivido en mi vida deportiva. Quedará para siempre en la historia del Barça, y para mí tener ese privilegio es algo muy bonito», asegura el manchego. Es un gol que ningún culé olvidará jamás. Aun así, antes de ese gol, ya era uno de los jugadores más emblemáticos y queridos por la afición azulgrana. Andrés Iniesta es uno de esos locos bajitos que llevan la pelota por un sendero indescifrable, un laberinto futbolístico que recorren solo unos privilegiados.

El de Fuentealbilla llegó al equipo infantil azulgrana en la temporada 1996-1997, procedente de las categorías inferiores del Albacete. Los técnicos que veían a aquel niño de doce años que jugaba en el centro del campo reconocían algo especial. Destacaba por su inteligencia y su talento. Era pequeño y escurridizo, y su habilidad con el balón le hizo fundamental en el esquema azulgrana. El 1 de noviembre del 2008 el propio Andrés Iniesta lo explicaba en una entrevista concedida a *El Mundo*: «Desde niño sabía que no tendría un físico importante, pero nunca me he sentido por ello inferior en un campo. La cabeza es lo que manda. Ni siquiera por ser más alto o fuerte robarás más balones. El fútbol necesita más de la intuición que del físico. No hace falta tirarse siempre al suelo con fuerza».

Después de pasar por los equipos cadete y juvenil, debutó oficialmente con el primer equipo con el entrenador holandés Louis van Gaal el 29 de octubre del 2002, cuando aún era jugador del Barça B. El de Fuentealbilla debutó con el dorsal treinta y cuatro a la espalda, contra el Brujas, en un partido de la fase de grupos de la Champions League. De hecho, el equipo de Van Gaal estaba clasificado para los octavos de final y el técnico neerlandés apostó por el joven jugador. Aquel día el Barça venció por cero a uno. El manchego siempre se mostró muy agradecido con Van Gaal por las oportunidades que le dio mientras dirigía el primer equipo.

El cambio en el banquillo llegó en el 2003, con la contratación del también neerlandés Frank Rijkaard. Rijkaard fue otro entrenador que apostó por Iniesta y que tampoco dudó en darle más importancia dentro del ecosistema del equipo. En la fase final de la segunda Champions del Barça, Iniesta tuvo un papel clave en las eliminatorias, pero fue muy comentada su suplencia en la final de París del 2006. «Antes del partido estaba enfadado, deportivamente ha sido uno de los momentos que peor sabor de boca te deja una decisión», confesó Andrés Iniesta en RAC1 el año 2018. «Tuve una conversación muy privada con él y no la expliqué, pero no me argumentó nada. Rijkaard me dijo una cosa muy fuerte y no me argumentó el porqué. Es una de las pequeñas cosas que no he contado nunca. Muy fuerte de él hacia mí, de por qué no había jugado. No fue un argumento muy lógico». Iniesta jugó los cuarenta y cinco minutos del segundo tiempo, que fueron los de la remontada.

En 2008 se cruzó en su camino la persona que más le ha marcado. Josep Guardiola i Sala ya era un ídolo futbolístico, y con él Iniesta se convirtió en uno de los mejores centrocampistas de la historia, formando con Xavi Hernández y Sergio Busquets el mejor triángulo en el centro del campo que el fútbol haya podido tener. Con el ocho a la espalda, sus cualidades futbolísticas les llevaron a lo más alto del fútbol, no solo por el número de títulos conseguidos, sino por la manera de conseguirlos. Las coreografías futbolísticas parecían sencillas, pero eran fruto del esfuerzo y el talento que se escondía detrás de cada futbolista. Iniesta y el Barcelona lograron con Guardiola, en

2009, el primer sextete en la historia del club, ganando la liga, la Copa del Rey, la Liga de Campeones, la Supercopa de España, la Supercopa de Europa y el Mundial de Clubes. En su libro *La metamorfosis* el periodista Martí Perarnau cita las palabras de Paco Seirul·lo, eminencia en el mundo de la preparación física y responsable de la metodología del Barça durante más de cuarenta años: «Iniesta te pasa el balón como cuando un padre juega por primera vez al tenis con su hijo pequeño y le manda en cada caso la pelota al lugar y con la fuerza adecuados para que pueda devolverla, porque se trata de que el niño toque fácil la pelota con la raqueta y se divierta. Iniesta hace lo mismo, pero jugando en la élite con los de la máxima élite. Con sus pases, Andrés dice "Toma, haz lo que quieras y disfruta", mientras que la mayoría del fútbol es "Toma, haz lo que puedas"».

Iniesta dejó el club por la puerta grande, tras conseguir el doblete de liga y Copa de la temporada 2017-2018, después de jugar setecientos cincuenta y ocho partidos y haber marcado sesenta y seis goles. El 20 de mayo de 2018 se despedía en el Camp Nou de la afición culé en el último partido de la jornada de liga, contra la Real Sociedad, con el título en el bolsillo. Si su palmarés tuviera forma de *curriculum vitae*, tendríamos que hacer *scroll* con el ratón del ordenador para poder leerlo entero. Merece la pena dejarlo por escrito para que el vértigo sea aún mayor: cuatro Champions League, nueve ligas españolas, seis Copas del Rey, tres Mundiales de Clubes, tres Supercopas de Europa, siete Supercopas de España, cinco Copas Catalunya y dos Supercopas de Catalunya. Después de dejar el Barcelona, Iniesta se unió al Vissel Kobe en la J1 League, de Japón, donde continuó su carrera futbolística y posteriormente asumió roles de liderazgo. En agosto del 2023 fichó por el Emirates Club para proseguir con su longeva carrera futbolística. Como dijo el exseleccionador español Vicente del Bosque, «Iniesta siempre será un ejemplo de cómo se debe jugar y cómo te tienes que comportar como profesional».

Andoni Zubizarreta

«Haber sido portero es una universidad para asumir las críticas», sentenció en 2014 el guardameta vasco en una entrevista concedida al diario *EL PAÍS*. Zubi, como lo conocimos muchos de los que lo admiramos desde niños, fue el ídolo de pequeños y grandes mientras adquiría con el tiempo más habilidades para defenderse bajo palos; los palos de la portería y los que le caían –hablando coloquialmente– cuando la prensa criticaba sus actuaciones durante los partidos. Portero sobrio y seguro, es el jugador con más partidos en la liga, donde hizo toda su carrera. Concretamente jugó seiscientos veintidós.

Antes de llegar al Fútbol Club Barcelona, en julio de 1986, se doctoró en el Athletic de Bilbao. Fue seguidor de la tradición de porteros vascos que triunfaron en primera división, como Arkonada y, especialmente, José Ángel Iribar, del que siempre se ha confesado gran admirador. Entre las virtudes de Zubizarreta, la mayoría de especialistas destacan su capacidad para blocar balones y evitar segundas opciones, su habilidad en el uno contra uno, sus buenos despejes, su perfecta colocación, sus buenas salidas por abajo y la seguridad que transmitía. Era de movimientos lentos pero seguros. Se ganó más la admiración de sus compañeros y de la profesión que de la prensa, que incidía a menudo en sus puntos débiles: los penaltis y ciertos fallos en el juego con el pie y en el juego aéreo. Lo cierto es que Zubizarreta, como portero referente de la vieja escuela, en la salida de pelota dista mucho de la técnica que se le pide ahora mismo al portero moderno, que actúa como un central más del equipo. Aun así, el portero

debe evitar que la pelota entre en la red, y en ese oficio Zubizarreta sobresalía.

El guardameta vasco estuvo ocho temporadas en el Barça y se llevó en la mochila de recuerdos un catálogo cromático de emociones complementarias y antagónicas. Para empezar, en la temporada 1986-1987 fue el portero menos goleado de la liga. En su palmarés puede presumir de ganar triunfos en torneos eliminatorios; por ejemplo, consiguió dos Copas del Rey –la de 1988 y la de 1990, además esta última contra el Real Madrid–, una Recopa de Europa –1989– y uno de los grandes botines, la Copa de Europa, la de 1992, la de Wembley, frente a la Sampdoria, la primera del club. Ese año, además, Zubizarreta fue declarado segundo mejor portero del mundo por la FIFA, por detrás de Peter Schmeichel, del Manchester United.

La sequía en las ligas se rompió en la temporada 1990-1991: fue la primera de las cuatro consecutivas que coleccionó el Dream Team de Johan Cruyff a principios de los años noventa.

La cara más amarga de su carrera como culé fue la dolorosa derrota en la final de la Champions de 1994 frente al Milan de Fabio Capello. Ese fue el punto y final de la relación del portero azulgrana con el Fútbol Club Barcelona. Zubizarreta se entrevistó con Cruyff días después y este le comunicó que no entraba en sus planes. «Después de la primera reacción, comencé a ver las cosas con más realismo. Tengo treinta y dos años y un prestigio que me avala. El prestigio es lo que se gana desde que se empieza una carrera deportiva. Esta perspectiva me permite ver las cosas con más tranquilidad. Me siento satisfecho de mi trayectoria en el Barça», explicó en la rueda de prensa. Alargó su carrera, como portero en el Valencia, cuatro años más. Se retiró en 1998.

Después de diversas incursiones en los medios de comunicación como analista y comentarista, en 2010 volvió a ponerse la camiseta azulgrana, esta vez en los despachos, cuando el presidente Sandro Rosell lo nombró director deportivo del

Fútbol Club Barcelona en sustitución de Txiki Begiristain. Adiós a los guantes y hola a las corbatas. Una de sus grandes decisiones fue, en 2014, la contratación del que entonces era el joven portero alemán Marc-André ter Stegen, que jugaba en el Borussia Mönchengladbach. La revista *Panenka* revivía en 2018 con los dos protagonistas la llegada del alemán. Zubizarreta aseguraba que Marc-André encajaba como un guante en la filosofía azulgrana y se congratulaba por haber ido a buscarle al vivero correcto, uno de los más prolíficos en la actualidad. «Al portero del Barça se le piden soluciones complejas con el balón, además de que sea un jugador más y genere superioridades. Pero también que pare. Eso sigue prevaleciendo en una balanza. No es casualidad que en Alemania, además de él, estén Neuer o Leno, con cualidades parecidas. La federación germana se ha interesado porque sea así», sostuvo.

Fue destituido de su cargo por el presidente Josep Maria Bartomeu a principios del 2015. El equipo entrenado por Luis Enrique no había comenzado bien la temporada y la junta directiva decidió prescindir de sus servicios. Un año después concedió una entrevista a *El Periódico de Catalunya*, donde echaba la vista atrás: «Mi salida del Barça como director deportivo no fue por una cuestión profesional, no fue por una cuestión de trabajo, de elaboración de plantilla, de falta de implicación. Mi salida tiene que ver, más bien, con la política del fútbol, área y campo en el que no me desenvuelvo demasiado bien. La verdad, no sé moverme en la parte oscura de la política... y del fútbol. Ni antes ni ahora. Puede que sea una de mis carencias». El barro nunca fue una opción para Andoni Zubizarreta fuera de los terrenos de juego, aunque lo conocía muy bien cuando le tocó defender áreas pequeñas llenas de lodo a causa de la lluvia. «¿Cree que no se le juzgó justamente en el Barça?», le preguntaban en una entrevista de 2018 en *La Vanguardia*. Andoni Zubizarreta respondió: «Aquellos jugadores míos que justificaban que podía ser despedido aquella noche de Reyes, seis meses después ganaron la liga, la Copa y la Champions. Pero creo que eso no es lo importante, lo importante es el trabajo hecho que se ve en el campo». Seguramente su salida siempre fue más un chivo expiatorio para buscar soluciones en un equipo que no acababa de funcionar, incluso teniendo a Messi, Suárez y Neymar, pero que entró en la historia del Fútbol Club Barcelona porque consiguió el triplete, el segundo de la historia del club, del cual Zubizarreta también fue responsable. Su legado deportivo –siempre bajo palos– no tiene discusión.

Antoni Ramallets

Portero legendario del Fútbol Club Barcelona, mito del Barça de las Cinco Copas –jugó con futbolistas tan determinantes como Seguer, Biosca, Segarra, Bosch, Gonzalvo III, Basora, Kubala, César, Moreno y Manchón– y parte fundamental de la era dorada del Barcelona en la década de 1950. Su estilo de juego era valiente y con paradas espectaculares que a menudo deslumbraban a los aficionados. Era un muro casi infranqueable.

Ramallets comenzó su carrera futbolística en equipos como el Gràcia, pero fue con el Club Esportiu Europa donde debutó como profesional –el 8 de noviembre de 1942–, y realmente empezó a destacar, con tan solo diecisiete años, en la temporada 1941-1942. Su paso por este club catalán finalizó porque tuvo que ir a hacer el servicio militar. La ciudad gaditana de San Fernando sería su destino para esos años –del 1942 al 1944– y ahí conquistaría el subcampeonato de España de la Marina con el equipo de fútbol local. Esto le valió para que le concedieran el traslado a Palma de Mallorca, donde jugó en el Mallorca desde 1944 hasta 1946.

Cuando tenía veintidós años, el Fútbol Club Barcelona se fijó en él. Lo fichó y lo cedió una temporada, la de 1946-1947, al Valladolid. Allí, con el club vallisoletano, comenzó a forjar su leyenda. Fue fundamental en el ascenso de tercera a segunda y también en la mejor clasificación histórica en primera, en la temporada de 1962-1963, esta vez como entrenador.

Al volver de la cesión, Ramallets se convirtió en el segundo portero del primer equipo azulgrana y, aunque en un principio

jugaba como suplente, en la temporada 1948-1949 le llegó una oportunidad a raíz de una grave lesión ocular del portero titular Juan Zambudio Velasco, que llevaba nueve años consolidado en el club. Ramallets aprovechó la ocasión para demostrar su valía y se convirtió en el portero principal del equipo.

Jugó trescientos ochenta y ocho partidos oficiales con la camiseta azulgrana en las temporadas que estuvo en el club. Fue reconocido por su lealtad al Barcelona, donde jugó durante quince años, y su compromiso con el equipo y sus compañeros. Se le recuerda como un felino bajo los palos, con unos grandes reflejos y una buena agilidad y velocidad. De hecho, fue en el Mundial de Brasil donde Antoni Ramallets se ganaría dos apodos que le acompañarían para siempre: «Gato con alas» y «Gato de Maracaná». Lo explicaba en una entrevista concedida a *Ecos del Balón* en el año 2010: «¿Es cierta aquella anécdota que dice que usted paró un chute con el pecho, saltando en horizontal y casi a la altura del larguero y fue entonces cuando le pusieron el sobrenombre del Gato con alas?». Respondía Ramallets: «Bueno, eso fue una jugada del partido contra Chile –en el Mundial de Brasil de 1950– y el periodista Matías Prats quiso ensalzar mi actuación con un mote muy simpático. Entonces en Barcelona había un escaparate donde había un gato volante con los omóplatos un poco pronunciados y decían que eran alas. Y a Matías Prats no se le ocurrió otra cosa que decir "Ha volado como un gato con alas"». Y desde entonces ese fue su sobrenombre y así ha pasado a la posteridad.

Además de sus reflejos y sus paradas, también era conocido por su indumentaria: jersey negro con cuello de camisa blanco y el escudo del Barça en el centro del pecho.

Uno de sus peores recuerdos fue en el Wankdorfstadion, de Berna, un 31 de mayo de 1961. Aquel día, el Fútbol Club Barcelona, tras haber eliminado al Real Madrid, se enfrentaba en la final de la Copa de Europa al Benfica portugués. Como ya saben, no salió nada bien. El resultado final de tres a dos, con derrota del Barça, vino después de estrellar hasta cuatro balones en los ya icónicos postes cuadrados. Además, Antoni Ramallets no tuvo su mejor noche y dejó para la posteridad una de las actuaciones más flojas de su carrera deportiva. En apenas tres minutos regaló un gol a su rival y marcó un autogol que decantó el devenir de la final. Tras este desenlace, Ramallets decidió que era el momento de colgar los guantes. Sin embargo, se llevó un palmarés memorable: ganó seis ligas españolas, cinco Copas del Generalísimo, dos Copas de Ferias, dos Copas Latinas, tres copas Eva Duarte y el subcampeonato de la Copa de Europa de 1961, además de cinco Trofeos Zamora y la Medalla al Mérito Deportivo.

Se retiró en 1962 y se convirtió en un referente para futuras generaciones de porteros del club azulgrana. El 6 de marzo de 1962 el Camp Nou rindió el último homenaje a Ramallets. Lo explicaba *La Vanguardia*: «El público barcelonés, ese público que en tantas ocasiones ha vibrado al unísono con las intervenciones del gran guardameta azulgrana internacional, hizo acto de presencia en el estadio para rendir a Ramallets el acto de homenaje, que sus largos años de servicio y su entusiástica dedicación al fútbol tenían merecido. El público, que llenaba totalmente el estadio azulgrana, rubricó la condecoración con una cariñosa y prolongada ovación. El homenaje en su parte deportiva constituyó un éxito, pues permitió ver de nuevo en acción a numerosos jugadores internacionales y de categoría nacional en las alineaciones del equipo del Barcelona, de la época de las Cinco Copas y de la selección nacional, que se le enfrentó. Ambos equipos consiguieron hacer recordar los buenos tiempos en que sus componentes eran primeras e indiscutibles figuras del fútbol español. En el intermedio tuvo lugar la imposición de la Medalla al Mérito Deportivo y, seguidamente, se jugó un partido entre el primera división alemán Hamburgo y el Barcelona. Al abandonar el terreno, Ramallets dio un abrazo, que era como una alternativa, al joven Sadurní, que le sustituyó en la puerta, y en el apretón de manos con que se despidió del capitán Segarra iba envuelto el nostálgico adiós a toda una vida de ejemplar deportista. En este ambiente de afecto por parte del público, camaradería por la de sus antiguos compañeros y distinción por la de las jerarquías nacionales del deporte, Antonio Ramallets dice adiós a su vida de futbolista, que permanecerá en el recuerdo de todos envuelta en un halo de admiración y respeto».

Fuera de los terrenos de juego, Ramallets, apareció en la película *Once pares de botas*, un film español de 1954 ambientado en el mundo del fútbol y dirigido por Francisco Rovira Beleta donde, además del portero culé, hacen cameos otros futbolistas de la época, como Alfredo Di Stéfano, Ladislao Kubala, Biosca y Zarra.

Antoni Ramallets falleció el 30 de julio de 2013 a la edad de ochenta y nueve años. Es recordado como uno de los grandes porteros de la historia del club, dejando una marca imborrable en la historia del fútbol español y del Barcelona, además de ser un modelo de dedicación y profesionalismo.

Carles Puyol

«Yo me inicié en el fútbol de portero, cuando empecé a jugar en La Pobla de Segur. Luego tuve problemas en la espalda y los médicos dijeron que no era conveniente que siguiera en esa posición. Mi madre me obligó a salir de la portería y a jugar con los pies. Así que debo agradecerle a ella lo que soy ahora, y no me ha ido demasiado mal, ¿no?». Así relataba a la Cadena Cope por qué salvó un gol con el pecho –la mística culé se lo atribuye al escudo–, la noche del 23 de octubre del 2002 contra el Lokomotiv Moscú, cuando el portero ya estaba batido. El escudo fue la máxima de Carles Puyol sobre el terreno de juego. Si alguien representa la defensa de los colores del Barça en el campo es el central de La Pobla de Segur, un entregado central. Siempre será recordado como un gran capitán por su personalidad, entrega, cariño al club y valores, que reflejaban a la perfección lo que significa el FC Barcelona tanto dentro como fuera de los terrenos de juego.

Carles Puyol defendió la camiseta azulgrana durante quince temporadas, en seiscientos sesenta y dos partidos, convirtiéndose en uno de los jugadores más icónicos de la historia del club. Llegó a las categorías inferiores del Barça siendo un adolescente, con solo dieciséis años. Los entrenadores que tuvo siempre decían que este central destacaba por su imponente fuerza física, su entrega y su rapidez en el corte. No negociaba un esfuerzo y se convertía en la sombra de sus rivales sobre el terreno de juego.

Puyol debutó con el primer equipo en el Estadio José Zorrilla, de Valladolid, el 2 de octubre de 1999, después de que el

entrenador holandés Louis van Gaal le diera la oportunidad de jugar en un partido de liga. Aquel partido acabaría con victoria azulgrana por cero a dos, con goles de Kluivert y Rivaldo. Lo explicaba así *La Vanguardia*: «Quien estaba exultante era Carles Puyol, que se estrenaba en la liga con el Barça: "Estoy muy contento con mi debut, y además con la victoria; ahora sería una gran ilusión poder jugar contra el Real Madrid"». Precisamente contra el Madrid, pero el 21 de octubre del año 2000, fue cuando Puyol se doctoró. Era el día que el portugués Luís Figo volvía al Camp Nou con el Real Madrid después de haberse marchado del Barça. Puyol tenía órdenes de marcar al portugués y no dejarlo respirar en ningún momento. *EL PAÍS*, al día siguiente, decía: «A la sombra de Puyol, Figo se pasó el partido infructuosamente intentando evitar el ayuno y la penitencia al que se le intentó condenar de antemano. El jugador al que mayor presión ambiental se haya sometido jamás en un rectángulo de juego trató de ir a lo suyo, pero no pudo ni brillar ni evitar la gris comparecencia del Real Madrid ayer en el Camp Nou. A pesar de la aparente frialdad con la que encajó el ambiente adverso, Figo no logró adquirir en ningún momento el peso específico sobre el juego que le suele caracterizar. Siempre tuvo enganchado a Puyol, un defensa que exhibió ayer sus mejores virtudes, una portentosa condición física que le permite la rapidez necesaria para adelantarse a la acción del atacante, de Figo en el caso de ayer. Cerca del descanso forzó la segunda falta de Puyol, castigada además con una tarjeta amarilla. Con más de cincuenta minutos por delante, la situación podía ser de lo más peligrosa para el canterano del Barça. Pero nada sucedió. Puyol no acusó el riesgo de una posible expulsión y continuó persiguiendo a Figo, que, alguna vez, muy pocas, basculó hacia la banda izquierda. El portugués, al que nuevamente se le lanzaron cantidad de objetos en una incursión por la derecha, se las tuvo verbalmente con Puyol cuando este le dijo algo mientras Rivaldo, a cuatro minutos para el final, era sustituido».

Su carácter de líder y compromiso con el club le hicieron dueño del brazalete de capitán en el 2004, con veintiséis años, después de cinco temporadas en el primer equipo. El primer título como profesional llegó con Frank Rijkaard en el banquillo, en el año 2005, cuando terminaba su segunda temporada. El Barça de Rijkaard empezaba una era triunfal que continuó la siguiente campaña, conquistando una nueva liga y también la segunda Champions de la historia del club, catorce años después de la primera, de Wembley. Jugada en París en 2006, fue la primera que levantó Puyol como capitán, un ritual –el de levantar títulos– que se da pocas veces en la vida de un futbolista. En el canal de YouTube de los prestigiosos Premios Laureus explicó que «es el único partido en el que mi padre vino a verme en directo antes de morir. Mi agente, Ramon Sostres, le dijo: "¿Cómo podrías tú perderte ese partido?, es una final de la Champions League, tu hijo es el capitán junto con Henry y uno de los dos levantará el trofeo. Si es tu hijo, no te lo puedes perder". Por lo tanto, dijo: "De acuerdo, iré, pero al día siguiente tengo que estar de vuelta al trabajo". Vino, vio el partido, me vio levantar el trofeo y se fue. Subió al coche y estaba de vuelta trabajando el próximo día». Sobre esa final, concluye que «yo he sido un aficionado del Barça desde antes de poder hablar y, como capitán, levantar ese trofeo fue increíblemente especial».

Con Guardiola, Puyol y Gerard Piqué fueron la pareja de centrales del mejor Barça de la historia. Catorce títulos en cuatro años, incluyendo la Champions de 2009, la de Roma y también la de Wembley, en 2011, donde le cedió el honor de levantar la cuarta, que también le correspondía a él, al lateral izquierdo Éric Abidal, que había superado un cáncer pocos meses antes de la disputa de la final y se había recuperado a tiempo para acompañar a sus compañeros de equipo en Wembley. Es un gesto más que agranda la figura del defensa de La Pobla de Segur.

Con quince temporadas en el Barça, Carles Puyol es de los pocos jugadores *one club man*, o jugador de un solo club, de la historia del fútbol. Y no será porque le faltaron ofertas, incluso del eterno rival, el Real Madrid. Lo confesó en una entrevista en el programa *Quan s'apaguen els llums*, de TV3. «Hasta en dos ocasiones me quisieron fichar, pero yo ya estaba en el mejor club del mundo, quería ganar títulos en el Barça y por eso me quedé». Fueron dos rechazos, dos respuestas negativas: «La primera fue en la temporada siguiente a mi marcaje a Luís Figo, en la 2001-2002, y la segunda fue cuando Camacho fichó por el Madrid, en la temporada 2004-2005, y me quiso a mí y a Ronaldinho. Le dije no las dos veces».

Se retiró como futbolista el 30 de junio de 2014, después de haberlo ganado todo con el Barça: seis ligas –2005, 2006, 2009, 2010, 2011 y 2013–, dos Copas –2009 y 2012–, tres Champions –2006, 2009 y 2011–, dos Supercopas de Europa –2009 y 2011–, dos Mundiales de Clubes –2009 y 2011– y seis Supercopas de España –2005, 2006, 2009, 2010, 2011 y 2013–. Mario Benedetti escribió una vez que «la gloria no consiste en no caer nunca, sino más bien en levantarse las veces que sea necesario». Y eso es lo que hizo Carles Puyol mientras vistió la camiseta del Barça. Cuando las fuerzas no le llegaron fue porque se vació, porque lo había dado todo. Lo que tenía y siempre un poco más.

Carles Rexach

Si buscáis «hombre de club» en la Wikipedia o en cualquier archivo futbolístico que se precie, seguramente sale la cara o una reseña de Carles Rexach Cerdà. Rexach es una institución en el Fútbol Club Barcelona, donde ha pasado prácticamente toda su vida deportiva. Llegó al fútbol base azulgrana a los doce años y debutó con el primer equipo el 25 de abril de 1965, cuando todavía era juvenil, en un partido de Copa en el campo del Sardinero contra el Racing de Santander. Como explica la página web oficial del club: «A pesar de su fama de jugador frío y tranquilo, aquel 25 de abril el joven Rexach estaba atemorizado, hecho un manojo de nervios. Entonces, era costumbre que los debutantes compartieran la noche previa en el hotel con el capitán. Fue cuando le preguntó a Ferran Olivella: "¿Cómo debo hacerlo?". Y el ya veterano Olivella le respondió rotundo: "¿Tú sabes jugar al fútbol? Pues haz lo que sabes hacer y ya está"».

Dieciocho años tenía en aquel momento. Las crónicas contaron que aquel día el Barça ganó 4-1 y Rexach colaboró en la victoria de su equipo con un gol, el primero de su carrera profesional. «Desde luego, avanzar un juicio definitivo, a través tan solo de este partido que le acabamos de ver, es muy aventurado. Desde luego, pero el juicio que sacamos de él tras su actuación le es muy favorable. Empecemos por decir que es futbolista nato. Y tiene esta rara condición –de ahí que presumamos que llegará posiblemente a la categoría de as– de jugar pensando. Es decir, está siempre al tanto de la jugada y de la posición de sus compañeros y de sus adversarios. Por eso no le señalaron nunca un fuera de juego, y por eso jugó siempre bien el balón. Al decir jugador nato, debe entenderse que su técnica es buena. Además, es tranquilo, y de que tiene pólvora en sus botas, ahí está el gol que marcó, con un estilo de incipiente as. Aunque su característica no es para ocupar el puesto que se le viene asignando y que ocupó ayer. Estimamos que en Rexach tiene el Barcelona, insistimos, una vez más, a un as en potencia. Nos gustaría que dentro de muy poco, quizás la temporada próxima, nos viéramos ya en la posición de borrar estas dudas», sentenciaba *Mundo Deportivo* en su edición del día siguiente. Parecía escrito incluso por el propio Rexach.

Como veis, dejó muy buenas impresiones en su estreno, aunque su debut oficial con el primer equipo en la Liga española fue el 10 de septiembre de 1967, con veinte años, en la primera jornada de la temporada 1967-68. El partido se jugó en Zaragoza y acabó con derrota 3 a 2 del conjunto azulgrana. Carles Rexach marcó el primer gol del partido. Los que saben de esto definen al Rexach futbolista como un rápido extremo derecho dotado de una muy buena capacidad técnica, una gran visión de juego y una excelente clase. Lo que también le caracterizaba era su sangre fría y su aparente tranquilidad en el campo capaz de sacar de quicio a algunos sectores del barcelonismo.

Estuvo dieciséis temporadas en el primer equipo y disputó 644 partidos. Marcó 222 goles según las estadísticas oficiales del club. Precisamente entre sus logros individuales hay uno de máximo goleador: el Trofeo Pichichi de la Liga de la temporada 1970-71 al marcar diecisiete goles en veintinueve partidos. Ganó cuatro Copas del Rey, una finalísima de la Copa de Ferias, pero cuenta con tan solo una liga a pesar de haber estado tanto tiempo en el primer equipo: la de la temporada 1973-74, que coincidió con la llegada de Johan Cruyff al vestuario azulgrana, la del 0-5 en el Santiago Bernabéu contra el Real Madrid, aquel inolvidable 17 de febrero de 1974. Eso sí, el título más importante que atesora es el de la Recopa de Europa conseguido el 16 de mayo de 1979 en Basilea. El Barcelona derrotó en la prórroga al conjunto alemán del Fortuna Düsseldorf por 4-3. «Tuvo un gran valor, en lo deportivo y en lo social: fue la primera gran movilización de seguidores barcelonistas en una final europea. Una caravana de 30.000 aficionados invadió Suiza de forma pacífica», recordaba *Mundo Deportivo* con motivo del cuarenta aniversario.

Rexach fue protagonista por dos motivos antagónicos: con 1-1 en el marcador falló un penalti cometido sobre «el Lobo» Carrasco. No fue definitivo porque el Barcelona marcó después el 2-1. Con el 2-2 se llegó a la prórroga. Rexach se quitó el mal sabor de boca, enmendó el fallo del penalti y marcó el 4-2 en la prórroga. El gol de los alemanes no sirvió para quitarle el título al Barcelona. El extremo derecho catalán colgó las botas en 1981. «El día más traumático fue el día que lo dejé como futbolista, con 35 años. Llevas desde los 12 años haciendo lo mismo y de repente se acaba. Juegas tu último partido, te aplauden, te regalan cosas y te vas a la ducha. Soy de duchas rápidas, pero aquel día abrí el grifo y me empezó a pasar toda la vida por delante. Fueron 25 minutos de repaso de toda mi vida preguntándome "¿Cómo es posible que me hayan pasado tan rápido?". Había visto a otros jugadores irse y pensaba "Pobre tío, no podrá jugar nunca más, y un día me pasará a mí también". Lo veía muy lejos, pero llega y hay que estar preparado», dijo Rexach en una entrevista en *La Vanguardia* el 20 de junio de 2024. Buscó matar el gusanillo del fútbol en los banquillos y acompañó primero a Luis Aragonés (la temporada 1987-88) y, más tarde, a Johan Cruyff (1988-96). Al lado de Cruyff consiguió –entre otros logros– cuatro ligas consecutivas y la tan ansiada primera Copa de Europa de 1992, la de Wembley. Rexach también tuvo que ponerse en la piel del holandés durante algunos partidos cuando Johan Cruyff sufrió un infarto en 1991. Además, cuando el presidente Josep Lluís

Núñez despidió al técnico holandés en 1996, Rexach también tomó las riendas del primer equipo. Sobre su supuesta mala relación con Cruyff por haber aceptado su puesto le preguntaban en el diario *EL PAÍS* el 17 de febrero del 2024: «¿Le sabe mal cómo terminó todo con Johan?». Y Charly respondía: «Cruyff y yo nos veíamos a menudo. Y lo bien que me pasé la vida con Johan. La gente puede hablar lo que quiera». La temporada siguiente, la de 1996-97, el equipo fue dirigido por el inglés Bobby Robson. También ocupó el banquillo a finales de la temporada 2000-01 para sustituir a media temporada al destituido Llorenç Serra Ferrer. Vio desde el banquillo uno de los goles más importantes de la historia del Barcelona: el de chilena que marcó *in extremis* el brasileño Rivaldo contra el Valencia y que consiguió clasificar al equipo para jugar la Champions. En el año 2003, con la llegada de Joan Laporta, se llevó a cabo una renovación y Carles Rexach no siguió en el club después de cuarenta y cuatro años. En 2010, bajo la presidencia de Sandro Rosell, fue nombrado asesor deportivo del club.

Actualmente –después de haberse convertido en uno de los referentes del barcelonismo por su carisma y personalidad– ejerce de comentarista en diversos medios de comunicación. «¿Qué es calidad de vida para ti?», le preguntaban en la anteriormente citada entrevista de *La Vanguardia*, a lo que él contestaba: «Es tener a mis seis nietos conmigo y poder jugar con ellos a todo. Me dicen "¡Vamos en bicicleta!", "Vamos a hacer una aventura", "Vamos a jugar al fútbol", "Enséñame a jugar al pádel!"... ¡Y allí que me voy! Es ser un abuelo que puede hacer un montón de cosas con ellos y no uno que pasa el día en un sofá mirándolos, sin poder moverse, que se distrae mirando cómo juegan los niños en vez de jugar con ellos. Yo me distraigo jugando con ellos, no mirando cómo juegan».

César Rodríguez

De profesión, goleador. Este delantero centro leonés marcó una época en el Barça. Era el máximo goleador del club, con doscientos treinta y dos goles, hasta que, en marzo de 2012, Leo Messi le superó cuando solo tenía veinticuatro años. Durante cincuenta y seis años ahí tuvo esa marca personal para él solo y nadie logró batirla. Sabemos ahora que fueron doscientos treinta y dos goles los que marcó César gracias a un laborioso recuento oficial, iniciativa de *La Vanguardia* y con la ayuda inestimable del Centre de Documentació i Estudis del club azulgrana, que encontró varios errores que se han arrastrado durante años y que otorgaban tres goles más al delantero leonés. Lo cierto es que César disputó trescientos cincuenta y seis partidos oficiales con la camiseta azulgrana y fue el primer gran ídolo de la posguerra, concretamente durante la década de los cuarenta –antes de la llegada de Kubala– y la primera mitad de los cincuenta, porque era un futbolista excepcional, de esos que ni el presidente del Real Madrid, Florentino Pérez, podría comprar, con una técnica depurada y un implacable instinto goleador. Todas sus cualidades futbolísticas eran superlativas: excelente disparo con ambas piernas, *dribling* fino y espléndido y, además, un incansable espíritu de lucha.

Fue miembro de la mítica delantera de las Cinco Copas de la temporada 1951-1952, donde los barcelonistas ganaron la liga, la Copa de España, la Copa Eva Duarte, la Copa Latina y la Copa Martini & Rossi, y formó una delantera legendaria de aquella época con Estanislao Basora, Ladislao Kubala, Tomás Moreno y Eduardo Manchón, una delantera que en

1980 el cantautor Joan Manuel Serrat incluyó en el estribillo de la canción *Temps era temps*.

Llegó al Barcelona a finales de 1939, una vez acabada la guerra civil española, tras pasar por su club de origen, el Frente de Juventudes de León. Debutó con la camiseta azulgrana cuando tenía diecinueve años, el 9 de julio de ese año, en el Camp de Les Corts, en un partido amistoso ante el Alavés. Según la documentación oficial del club, «el equipo vitoriano, mucho más conjuntado, ganó por dos a cuatro, con los goles azulgranas marcados por César y Domènech. Pese a los lógicos nervios del novato, el jugador leonés disputó cuarenta y cinco minutos muy meritorios». Así, en la prensa de la época se pudo leer: «El joven César es un delantero de gran futuro». Realmente la frase no podía ser más acertada. Casi inmediatamente, tras jugar unos pocos partidos amistosos del Trofeo Ciutat de Barcelona, fue cedido al Sabadell. Sin embargo, en 1940 tuvo que cumplir el servicio militar obligatorio en Granada, y fue cedido por el Barcelona al club de la ciudad de La Alhambra durante dos temporadas. César se proclamó campeón con el Granada en la segunda división española, que ascendería a primera por primera vez en su historia. Fue especialista en hazañas y gestas de este tipo, que repetiría con los azulgranas durante trece temporadas.

En 1942 empezó oficialmente su andadura con el club azulgrana. Alegró la vida de tantos catalanes en esa época tan adversa y cruel como fue la posguerra, cuando las únicas alegrías permitidas eran las deportivas con sus goles. César destacaba por su excepcional remate de cabeza, al que solo se le puede comparar el del húngaro Sándor Kocsis, un extraordinario futbolista húngaro que también hizo grande al Barcelona.

En la temporada 1944-1945 César fue crucial en la conquista del título de liga del equipo, el primero de su carrera con el Barcelona. Habían pasado dieciséis años desde que el Barcelona levantó su primera liga. El entrenador era el exfutbolista azulgrana Josep Samitier y los culés se llevaron el título en la penúltima jornada, al vencer al Athletic Club por cinco a dos el 13 de mayo de 1945. «Sin necesidad de esperar al último partido, el Club de Fútbol Barcelona ha rematado su brillante campaña, en el Campeonato Nacional de Liga, asegurándose de manera definitiva el primer lugar en la clasificación de la División de Honor. Su marcha eficazmente regular a lo largo de una dilatada competición le ha permitido la suma ininterrumpida de puntos que ha cristalizado, vencidos victoriosamente los difíciles escollos de la visita del Madrid y el partido contra el Valencia, en Mestalla, en esta adjudicación virtual del torneo liguero, que será definitiva tras el trámite próximo, en Sevilla. Justificada la explosión de júbilo, pues, la que estalló en Las Corts, terminado el juego contra el Atlético de Bilbao con un tanteo contundente, producto más que nada del entusiasmo y del deseo de vencer, alegría que se plasmó en el espontáneo homenaje de los jugadores azulgrana a su entrenador José Samitier», explicaba al día siguiente *La Vanguardia*.

El delantero leonés fue máximo goleador de la liga en la temporada 1948-49, segundo mejor goleador tres veces y máximo goleador del conjunto azulgrana durante siete temporadas consecutivas: desde 1944 hasta 1951. El palmarés, de nuevo, también es mareante: ganó cinco ligas, tres Copas y dos Copas Latinas. A César le pusieron un apodo: «el Pelucas».

A los treinta y seis años dejó el Barcelona y, antes de retirarse, jugó en el Perpignan Football Club y acabó su carrera profesional como jugador-entrenador en el Elche Club de Fútbol. Fue su primera experiencia como director técnico. Tras una exitosa etapa en el club alicantino, decidió hacer las maletas hacia Zaragoza. En Zaragoza triunfó del todo y llegó a disputar una final de Copa ante el Barça. Este hecho y la trayectoria que había tenido hasta entonces no pasaron desapercibidos en el FC Barcelona, que le confió su banquillo en 1963. Después de una buena primera temporada, aunque sin títulos, el mal inicio de la campaña 1964-1965 hizo que presentara su dimisión en octubre de 1964, con un total de ochenta y cinco encuentros.

La figura de César Rodríguez Álvarez siempre será la de un futbolista excepcional que dejó una marca imborrable en la historia del Barcelona. Su talento como goleador y su contribución al equipo durante sus trece temporadas en el club lo convierten en una leyenda que perdurará en el tiempo.

Diego Armando Maradona

El 4 de junio de 1982 se hizo oficial el fichaje de Maradona por el Barcelona. Fue en el Barça donde dio a conocer al mundo su talento. «El Pelusa» –apodo que le dieron por sus rizos– se convirtió en el mejor jugador argentino en vestir la camiseta del Barça hasta que llegó otro argentino que llevó el club a las cotas más altas de la excelencia.

Hacía tiempo que el club perseguía a Maradona. Nicolau Casaus, entonces vicepresidente del Barcelona, vio su persistencia recompensada. Además, Maradona se instaló en casa de Casaus durante sus primeros días como jugador del Barça. El diez del Barça en ese momento era argentino y su apellido empezaba por la letra M. Maradona. Escribe Jordi Puntí en su libro *Todo Messi* que «Diego Armando Maradona se movía como nadie en la frontera entre el deporte y el espectáculo. Era capaz de hacer entretenido un calentamiento antes de un partido. A veces sus exhibiciones eran coreografías a medio camino del circo y el aerobic, tan de moda en esa época». A eso vino, a entretener y a ilusionar. A pesar de su discreto palmarés en el Barcelona, el delantero dio a conocer su descomunal talento dejando apuntes de su mejor juego, varios goles memorables y una buena colección de centros, regates y controles. Debutó con derrota, en septiembre de 1982, con un dos a uno contra el Valencia. «Mestalla fue el escenario donde el argentino debutó en la liga. Maradona se estrenó con un gol en la primera parte al zafarse del marcaje de Carrete, el habitual especialista en control a los mejores jugadores del rival. La estrecha vigilancia a la que fue sometido por el lateral asturiano funcionó, hasta

que en el minuto veinte el Pelusa superó a Sempere con un remate ajustado. El Valencia logró el triunfo remontando en la segunda parte», contaba el diario *AS*. El buen inicio liguero –seis goles en sus trece primeros partidos– impresionó a los aficionados del Camp Nou.

El 20 de octubre de 1982, en un partido de la Recopa de Europa ante el Estrella Roja de Belgrado, fue el día en que Maradona firmó uno de sus mejores goles. Se deshizo de sus dos marcadores y condujo el balón con maestría hasta llegar al semicírculo del área. Entonces, vio algo adelantado al portero Stojanovic y le colocó el balón por arriba, con una vaselina imposible. El público local solo pudo ponerse en pie y aplaudir aquella magistral jugada.

La ilusionante primera temporada de Maradona con el Barça se vio truncada en diciembre de 1982, cuando le diagnosticaron hepatitis. Se perdió catorce partidos de liga y las eliminatorias de la Recopa, de la que el Barcelona, mermado por su ausencia, quedó eliminado. Cuando Maradona estaba listo para volver a la acción, el entrenador Udo Lattek fue destituido y llegó el argentino César Luis Menotti, el hombre que había guiado a Argentina hacia su éxito en la Copa del Mundo de 1978. La reaparición de Diego llegó el 12 de marzo de 1983 ante el Betis, curiosamente el mismo día en el que Menotti se estrenaba en el banquillo. El mal inicio de temporada de los azulgranas en liga condicionó el resto de un año en que el Barça solo pudo acabar cuarto, seis puntos por detrás de los campeones, el Athletic Club. A pesar de ello, Maradona acabó la temporada con once goles en veinte partidos y sus actuaciones en las competiciones domésticas tuvieron un papel muy relevante para que el Barça pudiera salvar la campaña con dos títulos: la Copa del Rey, después de ganar al Real Madrid dos a uno en la final en Zaragoza, y la Copa de la Liga, en una final a doble partido también contra el Madrid.

Maradona entonó su particular *Aquest any, sí*, antes de empezar la temporada 1983-1984 y parecía ponerse como ambicioso reto ganar todos los títulos. Diego tenía en su compatriota Menotti una figura de entrenador más afable que la que tenía con Udo Lattek y, además, Menotti programó sesiones de entrenamiento por la tarde y por la noche, argumentando que los biorritmos de los jugadores respondían mejor a esos horarios, ya que los partidos también solían jugarse por la noche. Años más tarde, el presidente en ese momento, Josep Lluís Núñez, admitió que «muchas de las cuestiones que concernían al equipo tenían relación con Maradona. Incluso cambiamos los horarios de los entrenamientos para que así pudiera dormir más por la mañana». El periodista Jimmy Burns, en la biografía de Maradona titulada *La mano de Dios*, reveló la agitada vida privada que Maradona había llevado en Barcelona, donde por primera vez tomó contacto con las drogas. Lo cierto es que –vicios caros aparte– Maradona era seguramente más feliz con Menotti como entrenador, pero había momentos en los que Diego ponía a prueba la paciencia del Flaco. A principios de la temporada 1983-1984, el Barça jugaba en Mallorca un partido de liga. Sin embargo, en el vestuario, antes del partido, algo iba mal. Maradona no estaba precisamente contento. «El Pelusa» se había traído consigo no menos de seis pares de botas y, aun así, de alguna forma, ninguna de ellas resultó ser suficientemente satisfactoria para la estrella del Barça. El tiempo para el arranque del choque se estaba agotando y Maradona seguía negándose a saltar al campo. Fue en ese momento cuando el Flaco tuvo que hacer gala de todo su encanto para conseguir que su compatriota acabara estando listo para empezar el encuentro. La recompensa de Menotti fue una victoria por uno a cuatro con uno de los tantos procedentes de las botas de un, ahora sí, satisfecho Maradona. Menos de una semana después, la temporada del Barça y de Maradona protagonizó un giro inesperado. En un partido en el Camp Nou contra los campeones de liga, el Athletic Club, el argentino sufrió una dura entrada del defensa vasco Andoni Goikoetxea, que le provocó una lesión muy seria en el tobillo: una fractura del maléolo peroneo del tobillo izquierdo y arrancamiento y desgarro del ligamento lateral interno. Estuvo tres meses de baja. Volvió a jugar en enero de 1984 y en la liga el Barça acabó tercero, a solo un punto de los campeones, el Athletic Club. Los dos clubes volvieron a enfrentarse, esta vez en la final de la Copa del Rey el 5 de mayo de 1984. Es un partido recordado por los incidentes violentos que ocurrieron al final del partido que se jugó en el Estadio Santiago Bernabéu. Las tensiones ya estaban altas debido a la rivalidad entre los dos equipos por la entrada de Goikoetxea a Maradona. El Athletic Club ganó por uno a cero un encuentro físico, agresivo y con muchas entradas fuertes. Lo peor vino después del pitido final: sobre el césped se produjo una pelea masiva entre jugadores de ambos equipos. Maradona atacó a varios jugadores del Athletic Club, lanzó golpes y patadas voladoras ante la mirada de los espectadores y las cámaras de televisión, que hicieron que los altercados tuvieran gran repercusión mediática. Los incidentes llevaron a sanciones para varios jugadores, incluido Maradona, a quien se le puso una sanción de tres meses sin poder jugar en las competiciones españolas. Además, esta pelea supuso el punto y final de la era de Maradona con el Barcelona, ya que el club decidió traspasarlo al Nápoles en verano de 1984 y «el Pelusa» continuó su carrera en la Serie A italiana. Desilusionado con su vida en España y en desacuerdo con la junta directiva azulgrana, Maradona vio el cambio de destino a Italia como una oportunidad perfecta para ganar más dinero y para salir del punto muerto en el que se encontraba su carrera. En Barcelona había ganado una Copa del Rey, una Copa de la Liga y una Supercopa de España, firmando una gran cifra de treinta y ocho goles en cincuenta y ocho partidos. En Nápoles disfrutó de sus mayores éxitos: dos títulos de Serie A y una Copa de la UEFA que convirtieron a Diego en una leyenda viva en la ciudad, un estatus que no se ha desvanecido con el paso de los años. César Luis Menotti entrenó al Barcelona y dijo que Maradona inventó el Nápoles y Messi no inventó el Barça.

A nivel internacional, lideró a Argentina hasta su segunda Copa del Mundo, en 1986, en México, cimentando su reputación de mejor jugador de su generación. La historia de Maradona en el Barça fue una montaña rusa. Durante los doscientos seis días que Maradona fue baja por lesión o enfermedad como azulgrana, dejó de jugar treinta y siete partidos oficiales con el Barcelona.

Emili Sagi-Barba

Emilio Enrique Raimundo Sagi Liñán era hijo del famosísimo barítono español de principios del siglo XX Emilio Sagi-Barba, lo que explica su apelativo futbolístico de «Sagi-Barba», que vino dado por la enorme popularidad de su padre. Está considerado uno de los mejores jugadores que tuvo el club antes de la guerra civil y el mejor extremo de todos los tiempos, que brilló durante la década de los años veinte.

Nació en Argentina, pero a los seis años vino a vivir a Barcelona. Fue amigo del pintor Salvador Dalí, con quien coincidía de vacaciones en Cadaqués. Existen pocos documentos de aquella época, pero los especialistas aseguran que era un jugador rápido y portentoso, que, junto con Paulino Alcántara, formó una extraordinaria ala izquierda y fue uno de los auténticos pilares del equipo de la primera edad de oro del Barcelona. Llegó a marcar goles olímpicos e integraba un gran tridente con Piera y Pepe Samitier, de quienes era amigo desde la adolescencia.

Tuvo una primera etapa en el club, que empezó cuando era muy joven –dieciséis años–, en 1916, y terminó en 1919, cuando decidió casarse y colgar las botas. Dos años después se arrepintió y volvió al Barça y estuvo once temporadas más (1921-1932). Formó parte del equipo que ganó la primera liga de la historia del Fútbol Club Barcelona, el de la temporada 1928-1929. Como detallaba la revista *Cuadernos de Fútbol*, Sagi-Barba estaba en la primera alineación: Vidal, Saura, Martí, Castillo, Obiols, Sagi, Arnau, Ramón, Samitier, García y Parera. Y explica cómo se llegó al final del campeonato: «Este final de liga fue muy emocionante. Tras este último partido liguero, el

Real Madrid y el Barcelona empataban a veintitrés puntos y tenían también igualado el *goal average* particular, por lo que la disputa de este último partido liguero, correspondiente a la aplazada jornada trece de liga, entre el Arenas de Getxo y el Barcelona, iba a dictaminar qué equipo se hacía con el primer campeonato disputado en España. Todo estaba muy parejo, ya que el Barcelona y el Madrid se habían derrotado mutuamente a domicilio por uno a dos. La derrota del Barcelona en Getxo les otorgaba el título a los blancos por tener un mejor coeficiente general, pero el conjunto azulgrana, entrenado por el técnico inglés James Bellamy, no desaprovechó esta gran ocasión. Le bastaba con el empate, pero ganó el encuentro a lo gran campeón. En este último encuentro aplazado entre el Arenas de Getxo y el Barcelona, que se disputó el 30 de junio de 1929, se llegó al descanso con empate a cero en el marcador, pero en el segundo tiempo Parera marcó dos goles y le dio el título al Barcelona».

Era el mejor centrador de su época, especialmente desde el córner, y fue el primer especialista en penaltis de la historia del Barça. Jamás falló un penalti de todos los que lanzó. En total Sagi-Barba, en todas sus temporadas, jugó quinientos nueve partidos y marcó ciento cuarenta y dos goles, contando los no oficiales. Al margen de la liga, también ganó cuatro Copas y doce Campeonatos de Catalunya. Dejó el Fútbol Club Barcelona en la temporada 1931-1932. Asimismo, mientras estuvo en activo fue convocado por la selección española para dos partidos: el 19 de diciembre de 1926 en Vigo, frente a Hungría –cuatro a dos–, y el 20 de mayo de 1927 en Madrid, para integrar la selección B de España contra Portugal –dos a cero–. El periodista Xavier Garcia Luque pormenorizó en *La Vanguardia* el árbol genealógico de la familia Sagi, por el que «desfilan un sinfín de apellidos ilustres. Desde las raíces musicales de sus padres y hermanos, pasando por los primos Martínez Sagi –ella, Anna Maria, poeta y primera directiva del

Barça; él, Armand, el goleador blaugrana más joven–, siguiendo por la rama de los Sagi-Vela –Gonzalo, José Luis y Alfonso, baloncestistas, hijos de su hermanastro– y llegando hasta Juli Vallmitjana –su suegro; orfebre y dramaturgo–, Ramon Pichot –pintor; su yerno– y también los Broggi, y llegando hasta el actor Bruno Oro; todo ello sin olvidar, por supuesto, al hijo de Sagi, Víctor, publicista de relieve y candidato frustrado a la presidencia del FC Barcelona en 1978».

Murió el 24 de mayo de 1951.

Enrique Castro,
«Quini»

«¿Dónde estabas el día del secuestro de Quini?» es una pregunta que muchas generaciones de culés se hacen a menudo –o se han hecho– en conversaciones de sobremesa.

Aquel 1 de marzo de 1981 permanece en la memoria de muchos aficionados azulgranas. El delantero asturiano fue raptado y estuvo veinticinco días retenido en Zaragoza. Los responsables no eran delincuentes comunes, sino tres personas que no tenían trabajo y creyeron que secuestrar a un futbolista les podía dar dinero y salir del pozo en el que andaban metidos. En la revista *Líbero* reconstruyeron gran parte de los hechos: «Según relató Quini después, dos jóvenes se le acercaron tras pagar en la gasolinera. Uno de ellos le enseñó un revólver y le obligó a entrar de nuevo en el coche. Muerto de miedo, el futbolista siguió las indicaciones de sus dos captores, uno sentado a su lado, el otro detrás. Un tercero les seguía al volante de una furgoneta DKW. Pararon junto al mercado de Les Corts. Allí pusieron a Quini una capucha y lo metieron en un cajón de madera que había dentro de la furgoneta. Fueron más de dos horas de viaje a Zaragoza. Lo más intrigante era saber por qué los secuestradores escogieron a Quini. Pensaron en folclóricas, famosos… Su fuente de información eran las revistas del corazón. Como te lo digo. Tras analizar los pros y los contras cambiaron el objetivo. Pensaron en alguien que tuviera a sus espaldas una gran empresa mediática que respondiera con pasta. Barajaron varios futbolistas y se quedaron con Quini». Nada más y nada menos que el que era máximo goleador de la liga en ese momento.

Quini lideraba la tabla de goleadores con dieciocho goles en veintiséis partidos disputados con el FC Barcelona. Lo más significativo desde el punto de vista deportivo fue que la liga de primera división no se detuvo. Un club puede tener bajas por lesión o por sanción, y el Barcelona en esos momentos tenía un futbolista secuestrado. Ya no es que la competición siguiera adelante como si nada, es que ni siquiera se suspendieron los partidos del Barça. Lógicamente, el resultado de los partidos mientras duró el secuestro no fue el mejor para los intereses azulgranas. El equipo, entrenado por Helenio Herrera, estaba en un buen momento, a solamente dos puntos del líder, el Atlético de Madrid. Moralmente tocados no era la mejor manera de afrontar los duelos ligueros cuando aún se jugaban la liga. En las tres semanas que afectó a la competición, dos derrotas, contra Atlético de Madrid y Salamanca, y un empate contra el Zaragoza. Así fue imposible mantenerse en la liza para ser campeones y los culés se alejaron del título y lo perdieron. Seguramente fue el mal menor, porque en aquellos momentos lo que más importaba al barcelonismo era poder recuperar sano y salvo a su futbolista privado de libertad.

En esos momentos el club estaba presidido por Josep Lluís Núñez, que estuvo en contacto con la Policía y la familia. Los secuestradores intercambiaron diversas llamadas telefónicas con la familia y exigieron al Fútbol Club Barcelona un rescate de cien millones de pesetas –seiscientos mil euros–. Y así se hizo. El club azulgrana ingresó en una cuenta suiza el dinero del rescate.

Así lo explicaba *La Vanguardia* veinticuatro días después del secuestro en un zulo de Zaragoza: «La historia ríe. La liberación comienza cuando el martes por la mañana el vicepresidente del Barcelona, Nicolau Casaus, tomó el primer avión hacia Ginebra para abrir una cuenta en Credit Suisse. El Barcelona había hecho llegar, no se sabe cómo, la cantidad estipulada del rescate, que era de cien millones de pesetas. Nicolau Casaus, como responsable del club, hizo efectiva la apertura de dicha cuenta corriente, siguiendo las instrucciones dictadas por los secuestradores. Con Nicolau Casaus se trasladaron a Ginebra funcionarios de la Brigada Regional de Policía Judicial, naturalmente sin dar a conocer en ningún momento su identidad y su conexión con el representante barcelonista. El martes quedó formalizada dicha cuenta corriente, por lo que ayer miércoles ya estaba a disposición de los secuestradores aquella cantidad de dinero». Y seguía: «Ayer por la tarde a las seis y media exactamente, se presentó en la agencia bancaria de Credit Suisse de Ginebra uno de los secuestradores para cerciorarse de que, efectivamente, se había depositado allí el dinero. Sacó de aquella cuenta alrededor de un millón de pesetas y seguidamente encaminó sus pasos hacia el aeropuerto para tomar un avión con destino a París. La Policía Judicial barcelonesa, con la colaboración de la Policía suiza, siguió los pasos del malhechor, que fue detenido a la salida de un hotel al que acudió para recoger sus pertenencias. Este secuestrador detenido en Suiza, aragonés como los dos que serían posteriormente detenidos en Zaragoza, lo explicó todo desde el primer momento y sin necesidad de interrogatorio alguno por parte de las autoridades». Confesó dónde estaba encerrado el astro asturiano: en el subterráneo del taller mecánico ubicado en el número 13 de la calle Jerónimo Vicens de Zaragoza, lugar al que la Policía española acudió minutos después para liberarlo. Las imágenes del delantero barcelonista saliendo del zulo forman parte del imaginario culé de muchas generaciones. Además, el aspecto de Quini –un deportista profesional– era el de una persona demacrada. Así lo resumía Quini en una entrevista concedida a *El Periódico* en febrero del 2016: «Aquella desagradable experiencia me sirvió para demostrarme, a mí y a toda mi familia, lo mucho que la gente nos quería y el lugar tan fantástico en el que nos encontrábamos, lo bien que habíamos hecho en irnos a vivir a esa maravillosa ciudad. Fueron cuatro años exquisitos. Inolvidables».

Diez días después del secuestro ya quería volver a jugar, y lo hizo en un partido contra el Valladolid. Aquella temporada, por increíble que parezca, Quini acabó ganando el Pichichi, y además el Barça se proclamó campeón de Copa con dos goles del asturiano contra su querido Sporting de Gijón. Quini es recordado por el infausto secuestro, pero fue un delantero extraordinario, muy cotizado en el fútbol español.

Llegó al club azulgrana con treinta y un años –veterano, pero con ganas de seguir dando guerra– en 1980 y estuvo cuatro temporadas. Procedía del Sporting de Gijón, donde ya había demostrado su faceta goleadora: fue el máximo goleador de la liga en tres temporadas. En el Barça se proclamó pichichi las temporadas 1980-1981 y 1981-1982. Otro de los hitos conseguidos por Quini fue el gol tres mil del Fútbol Club Barcelona en la liga: lo marcó contra el Castellón el 24 de enero de 1982. Su balance en el Barça se zanjó con la Recopa de Europa de 1982, dos Copas del Rey, una Copa de la Liga y una Supercopa de España. El 9 de octubre de 1984 se disputó un partido entre el Fútbol Club Barcelona y un combinado internacional que sirvió para poner el broche de oro a la relación entre el astro gijonense y el club azulgrana.

Enric Gensana

El 14 de mayo de 1956 el estadio de San Mamés vio debutar con la camiseta azulgrana a un futbolista catedralicio. Estuvo ocho temporadas en el club y es recordado como una pieza clave en el campo, ya sea como lateral o defensa central, pero sobre todo cuando ejerció a lo largo de su trayectoria en el club de volante defensivo en el centro del campo. Fue un referente importante del equipo de finales de los años cincuenta y principios de los sesenta. Era un futbolista alto, dotado de extraordinarias cualidades físicas. El día de su debut contra el Athletic de Bilbao su compañero atrás fue Martí Vergés, pero su pareja de baile más habitual era Joan Segarra, el gran capitán. Los dos formaron durante muchos años, en la zona ancha, un dúo que se entendió perfectamente en el campo y sobresalió en el Barça del mago Helenio Herrera: una pareja para la historia.

Gensana nació en Lleida y a los dieciocho años –en 1955– ya jugaba en el primer equipo de la ciudad. Precisamente esa temporada llegaron al equipo ilerdense, procedentes del Fútbol Club Barcelona, Estanislau Basora, Gonzalvo III y Eduard Moreno, tres ilustres integrantes del Barça de las Cinco Copas. Las relaciones entre los dos clubs eran excelentes, y era habitual intercambiar o establecer lazos comerciales entre los dos equipos. El trío de *cracks* culés debutó con el primer equipo del Lleida en enero de 1956 en el campo del Sardinero y coincidieron en el once inicial con Enric Gensana, que hizo una gran actuación. Gonzalvo III quedó maravillado con el joven y robusto futbolista, tanto que recomendó y aconsejó al

Barcelona –en aquel momento entrenado por Domènec Balmanya– que le fichara inmediatamente para el primer equipo. Los contactos entre clubs llegaron a buen puerto y uno de los mejores jugadores del Lleida dejó la *Terra Ferma* para fichar por el Fútbol Club Barcelona. En su primera temporada todavía no se había inaugurado el Camp Nou.

Gensana empezó jugando de lateral derecho; después, algunos partidos de central –fue distinguido como el mejor de la Copa de Europa en dos ediciones (1960 y 1961)– y finalmente acabó estabilizándose como medio defensivo, lo que muchos entrenadores llaman «de enganche» entre el centro del campo y los centrales. Incluso destacó por su capacidad para rematar de cabeza y marcó muchos goles en los saques de esquina. Fueron veinticinco goles en trescientos quince partidos. Con el paso de los años se ganó un puesto de titular fijo en el equipo gracias a su envidiable clase y su constante lucha. Era muy difícil sacarlo del campo. En el libro *Las mejores anécdotas del Barça*, de Paco Martínez, se cuenta la siguiente anécdota: «Su pundonor era tal que jugó una eliminatoria de la Copa de Europa contra el Milan, a pesar de sufrir los primeros indicios de un ataque de apendicitis. Lo aconsejable hubiera sido parar, pero él quería jugar el siguiente partido, nada menos que un clásico contra el Real Madrid el 29 de noviembre de 1959 en el Santiago Bernabéu. Gensana hizo lo que pudo, pero su sacrificio no sirvió para evitar la derrota por dos goles a cero. Inmediatamente después del partido fue ingresado en una clínica para ser operado de urgencia». Pero tuvo problemas de salud más severos que estos: la mayoría de especialistas en historia del Fútbol Club Barcelona coinciden en que las lesiones mermaron una carrera futbolística excepcional. Concretamente, fueron dos percances graves: el primero, en 1962, fue el contratiempo más grave de su carrera, una lesión en la rodilla que se hizo en una gira por Grecia y que le tuvo apartado de los terrenos de juego y le impidió ir al Mundial de Chile con la selección española, donde tenía un lugar garantizado en el equipo –entre 1957 y 1961 había sumado diez convocatorias con el combinado absoluto–; un año después, otra lesión provocó su prematura retirada, le obligó a dejar el Barça y también el fútbol de primera línea. Acabó jugando en el filial del Barça, el Condal. Colgó las botas.

Gensana fue un jugador excepcional rodeado en el vestuario de jugadores también excepcionales como Sígfrid Gràcia, Kocsis o Zoltán Czibor, con quien, por cierto, sufrió la derrota de la famosa y fatídica final de Berna contra el Benfica, en 1961, la de los postes cuadrados. A pesar de la derrota, llenó la mochila de títulos con dos Copas de Ferias, dos ligas y tres Copas del Generalísimo. El 28 de junio de 1966 fue homenajeado por el club, que le entregó una placa conmemorativa, junto a Sígfrid Gràcia y Kocsis, antes de que se disputase un amistoso ante la selección uruguaya en el Camp Nou.

Estanislau Basora

Uno de los mejores extremos del mundo a finales de los años cuarenta y la década de los cincuenta. «¿Aquella delantera del Barça de las Cinco Copas con Basora, Kubala, César, Moreno y Manchón es irrepetible?», se preguntan muchos historiadores culés a menudo. Fueron un referente para toda una generación, los Beatles culés del mundo del fútbol. Escribió Ramon Besa en *EL PAÍS* el año 2012: «Basora fue feliz poniendo centros para César y asistiendo a Kubala después de quebrar a su marcador. Aunque diestro, sabía utilizar las dos piernas y protegía espectacularmente el balón con su cuerpo y brazos. Algún compañero le llegó a llamar la "urraca". Pocos jugadores han dignificado mejor la figura del 7».

Basora llegó al club azulgrana en 1946 –con veinte años– procedente del Manresa. Quería ficharlo el Espanyol, pero su padre, que era muy culé, se negó en redondo. Habilidoso y rápido, defendió la camiseta del primer equipo entre 1946 y 1958, excepto durante una temporada (1955-1956) en la que fue cedido al Lleida. Según el historial oficial del club, ganó cuatro ligas, dos Copas Latinas, cuatro Copas, tres Copas Eva Duarte (la actual Supercopa) y una Copa de Ferias. Fue uno de los mejores porque también jugó con los mejores. Basora se convirtió en un referente para muchas generaciones de culés que disfrutaron de él y de una generación extraordinaria de futbolistas. Además de vestir la camiseta del Barça, también lució en veintidós ocasiones la de la selección española. El 6 de junio de año 1949, en un partido amistoso contra Francia en Colombes, una localidad cerca de París, marcó tres goles en menos de quince minutos. La prensa francesa lo bautizó con el apodo del «Monstruo de Colombes».

Este integrante de la memoria colectiva de muchos barcelonistas murió en 2012. Se retiró en 1958, con treinta años. En su último partido –una semifinal de Copa disputada en el Camp Nou– dio un auténtico recital de juego. El 29 de junio de 1958 se le hizo un homenaje en el estadio blaugrana. «Ayer, en el nuevo estadio azulgrana, celebrose el encuentro internacional amistoso entre el primer equipo del Barcelona y el holandés Enschede, que sirvió para que el hasta hoy jugador barcelonista, Estanislao Basora, pudiera despedirse de su público», explicaba la edición del 30 de junio de *Mundo Deportivo*. «Los vestuarios estaban concurridísimos y Basora recibía los plácemes de muchos de sus compañeros de juego, entre ellos César, Manchón y el guardameta españolista Miquel Soler». Y se añadía: «Sentado en el banquillo, Basora tarda en desvestirse de sus prendas de futbolista. Está como abstraído. Le distraemos con nuestras preguntas: "¿Te duele dejar el fútbol? Porque hoy es la despedida definitiva". "Duele, claro está, pero, en la vida, desgraciadamente todo llega". "Se considera que tu retirada es prematura". "Es mejor retirarme a que me retiren". Así los aficionados guardarán mejor recuerdo».

Después de dejar el Barcelona, Basora tuvo ofertas para seguir jugando en Inglaterra, pero no aceptó ninguna. Con el club azulgrana jugó cuatrocientos cuarenta y siete partidos y marcó ciento setenta y siete goles. El cantautor Joan Manuel Serrat lo cita en la canción *Temps era temps* junto a otros mitos futbolísticos:

Temps d'Una, Grande y Libre
Metro Goldwyn Mayer
Lo toma o lo deja
Gomas y lavajes

Quintero, León i Quiroga
Panellets i penellons
Basora, César, Kubala, Moreno i Manchón

En 1974, con motivo del setenta y cinco aniversario de la fundación del Fútbol Club Barcelona, Basora fue incluido en el once ideal de la historia del club, en la posición de extremo derecho. ¿Le quitaría el sitio en este once ideal algún extremo que haya jugado en el club en los últimos cuarenta años?

Eulogio Martínez

Eulogio Martínez marcó el primer gol de la historia del Barça en el Camp Nou. Fue el 24 de septiembre de 1957, durante el partido inaugural del estadio entre el Fútbol Club Barcelona y el equipo polaco Legia de Varsovia, que terminó con una victoria de cuatro a dos para los azulgranas. «Hubo, en cierta medida, un acuerdo tácito entre el Barça y los responsables de la expedición de la selección polaca que actuó en el lance inaugural para que el primer tanto tuviera color barcelonista; el segundo lo lograran los visitantes y, a partir de ahí, se desataran las hostilidades», explicaba el diario *Sport* en 2007. «Así se puede comprender que el uno a cero llegara a los once minutos y el uno a uno, marcado por Szymborski, solo unos segundos después, a los doce».

Este extraordinario goleador de la historia del club llegó en el año 1955 proveniente del Libertad, de Paraguay, su país natal. Se incorporó al equipo azulgrana a finales de la temporada de 1955-1956, pero no pudo debutar hasta la siguiente por problemas federativos y tuvo que conformarse con jugar amistosos. En Paraguay se había ganado el apodo del «Abrelatas» por la facilidad que tenía para perforar las porterías contrarias a base de goles. Con la camiseta azulgrana marcó ciento setenta y siete goles en doscientos cincuenta y siete partidos. De estos ciento setenta y siete goles, hubo siete que Eulogio hizo en un solo partido, concretamente en la primera temporada con Domènec Balmanya dirigiéndolo desde el banquillo, el 1 de mayo de 1957. Fue todavía en el campo de Les Corts de la ciudad, durante un encuentro de la Copa del Generalísimo

–la actual Copa del Rey– entre el Barcelona y el Atlético de Madrid. Así lo explicaba *La Vanguardia*, que fue comedida en su análisis: «Una pieza fundamental en el conjunto del Barcelona fue Eulogio Martínez, autor de siete de los ocho goles que marcó el equipo. Ágil, eficaz y atento siempre a la jugada, no desperdició oportunidad, y la mayoría de los tantos obtenidos por su mediación fueron fulgurantes y su ejecución perfecta. Kubala marcó un gol, el primero de la segunda parte, jugó y repartió juego y estuvo inspirado como sus demás compañeros de línea; lástima que, abusando del regate, restó efectividad a su labor en una tarde triunfal en que la delantera se mostró activa y eficaz. Omitimos enjuiciar la labor personal, porque predominó el acierto del conjunto y me parece más elegante englobar en el elogio a todos sus componentes extensivos a la línea media, que enlazó perfectamente con aquella y con la defensa, que se mostró siempre segura. Con el resultado de ocho goles a uno con que finalizó el partido del Barcelona, ha liquidado esta eliminatoria en un saldo de trece goles a favor y tres en contra y pasa a la siguiente ronda». El récord de siete goles en un mismo partido –que comparte con Ladislao Kubala– permanece todavía vigente, hasta que venga Lamine Yamal y lo supere. Mientras, cruzamos los dedos pensando en el futuro esperanzador que nos dará el joven extremo azulgrana en los próximos años.

Eulogio fue un delantero sensacional y fue capaz de jugar en cualquiera de las posiciones del ataque. Donde se defendía mejor era como delantero centro. Desde el banquillo, a partir de la temporada 1958-1959, Helenio Herrera también supo sacar provecho de sus extraordinarias habilidades. Las crónicas y los análisis de su paso por el Barça detallan un sinfín de recursos técnicos para eludir a sus defensores. Como si fuera un comercial futbolístico, era capaz de desplegar todo su catálogo de fantasías: regates, sombreros… Aun así, Fernando Cuesta, en la revista *Cuadernos de Fútbol*, puso énfasis en uno de los principales problemas que tuvo el entrañable delantero paraguayo: «El gran enemigo de Eulogio Martínez no fueron los defensas contrarios –y eso que entonces eran de juzgado de guardia, o casi mejor de prisión preventiva–, sino su irrefrenable propensión a ganar peso. Trataba de evitarlo recurriendo a toda la parafernalia existente en aquel momento, como por ejemplo entrenar embutido en trajes de plástico, que le asemejaban a un astronauta, o incluso introducirse en un curioso armatoste para hacerle sudar copiosamente y de esa forma perder grasa». Aunque su peso empezara a pasarle factura, su rendimiento barcelonista fue magnífico y consiguió ser el máximo goleador del equipo durante tres temporadas: la 1956-1957, la 1957-1958 y la 1959-1960. La etapa de Eulogio Martínez en el Barcelona terminó en 1962, con un palmarés de dos ligas, dos Copas del Generalísimo y dos Copas de Ferias en el saco de títulos.

Fichó por el Elche, donde permaneció dos temporadas. Luego estuvo un año en el Atlético de Madrid y abandonó el fútbol en el Club Esportiu Europa. Al margen de su vinculación con el fútbol de clubes, Eulogio vistió también la camiseta de dos selecciones nacionales: la paraguaya, el país que lo vio nacer, y también la española, una vez nacionalizado, con la que disputó el mundial de Chile de 1962. Murió a los cuarenta y nueve años, en 1984, víctima de un accidente de tráfico.

Evaristo de Macedo

Primer gran brasileño del extraordinario elenco de jugadores de ese país que han formado parte de la historia del Fútbol Club Barcelona. Evaristo empezó su carrera en su país, en equipos como el Madureira y el Flamengo, justo antes de fichar por el Barcelona en el año 1957. Fue un grandísimo delantero, habilidoso con el balón, con un excepcional olfato de gol y con una capacidad innata para regatear al portero antes de batirlo. Evaristo fue uno de los futbolistas con los mejores registros goleadores de todos los tiempos. Estuvo cinco temporadas en el Barça y marcó, según los datos del club, ciento ochenta y un goles en doscientos treinta y siete partidos jugados. De todos ellos, hay uno que sobrevive en la retina de muchos barcelonistas, en la memoria de otros y en los registros de las páginas de internet. Es el que marcó el *crack* brasileño la noche del 23 de noviembre de 1960 contra el Real Madrid en la Copa de Europa. Aquel golazo en plancha de cabeza significó la primera eliminación del Real Madrid en la Copa de Europa, una competición que el club blanco había ayudado a organizar y que había ganado en sus primeras cinco ediciones. Al final del encuentro de vuelta de octavos de final, el resultado fue de dos a uno en el Camp Nou después del dos a dos de la ida. Al día siguiente, *La Vanguardia* escribía: «Por la talla del vencido se mide la del vencedor. Las ocasiones aprovechadas. Sería erróneo no deducir que el Barcelona, con armas ciertamente diferentes a las empleadas por el Madrid, no jugó anoche el partido que le correspondía. Es posible que al adoptar en la segunda parte una táctica utilitariamente defensiva se expusiese a un peligro que pudo costarle la eliminatoria o por lo menos un tercer partido. Pero no es menos cierto que con su táctica de contraataque consiguió lo que se proponía. Si el fútbol es, como se ha dicho, el juego de las ocasiones perdidas, también lo es el de las oportunidades aprovechadas. En definitiva, el juicio se apoya siempre en el resultado final y si este es favorable es imposible argumentar sobre otras realidades que las que han conducido el partido a su desenlace y no al que hubiese podido tener con otras posibilidades. El Madrid tenía que compensar el hándicap de jugar en campo contrario con una mayor iniciativa y por eso no debe extrañar que fuesen los madridistas los más tenaces en el ataque. Esta consideración incide en el problema central del encuentro, pues ninguno de los dos equipos podía realizar la tarea que tenía planteada descuidando una de sus caras en beneficio de la otra, porque se exponía –y esto lo sabían bien los dos– a ser cogidos en una falta, que tenía un precio excesivamente caro en esta ocasión. Mientras los dos equipos jugaron con sus formaciones al ataque, el partido fue de una calidad y una emoción que estaban en correspondencia con la valía de los contrincantes. El Barcelona no solo estaba logrando frenar lo que se esperaba que sería un empuje arrollador del Madrid, sino que también inquietaba a la puerta madridista al no aplicar la ley de la ventaja. El árbitro invalidó un gol a Evaristo a los trece minutos, y poco después Villaverde malogró la primera ocasión de marcar, disparando a las gradas. Casi enseguida, Gento compensó con una jugada similar. A continuación, Canario cometió falta de mano que quitó validez a un gol de Del Sol. En un ataque azulgrana se produjo un córner que Kubala lanzó desde la izquierda de la puerta. La pelota pasó por encima de varios jugadores hasta llegar a Martí Vergés, en el lado opuesto, y su disparo fue desviado por Pachín, engañando a Vicente, que resultó batido. Este fue, a los treinta y cuatro minutos, el primer gol del Barcelona. Antes de terminar esta parte, Ramallets repelió un durísimo tiro de Vidal y entre ataques madridistas se agotó la primera mitad del encuentro. Al comenzar la segunda parte y replegarse ostensiblemente el Barcelona, el partido fue inclinándose cada vez más del lado del Madrid, creándose el Barcelona el enorme compromiso de contener durante cuarenta y cinco minutos el empuje de su temible adversario. Ramallets resolvió algunos momentos peligrosos. Un gran disparo de Puskas rozó el larguero. Y un fuera de juego y una mano madridista malograron otro gol. También marcó Di Stefano –asimismo fuera de juego–. Mientras tanto, el Madrid se había crecido y el Barcelona pasó sus peores momentos. Por fin, Garay provocó la reacción y, tras algunos disparos contra su puerta, Vicente desvió a córner un saque de falta de Kubala. El propio Kubala lanzó el córner, Olivella remató raso y Evaristo, anticipándose al pie de Santamaría, lanzándose en plancha, remató con la cabeza a la red. El dos a cero a los treinta y cinco minutos pareció decisivo. Pero el Madrid, después de un tiro que repelió Ramallets y un palo, marcó su único gol, obra de Gento, a los cuarenta y un minutos. Todavía estuvo a punto de marcar Marquitos faltando un minuto, pero el partido terminó sin otras novedades». Fue una hazaña, una gesta, eliminar al fundador del torneo internacional. Como escribe el periodista Xavier Garcia Luque, «Evaristo aportó mucho más que un gol histórico, hasta el punto de que debe ser considerado como uno de los mejores extranjeros que han pasado por el club blaugrana».

Evaristo, además de ser uno de los grandes brasileños que han vestido la camiseta azulgrana, como Ronaldinho, Rivaldo, Ronaldo o Romário, también pertenece al club de los jugadores que han vestido las camisetas de los dos eternos rivales de la liga española. Dos años después de esta hazaña culé, Evaristo fichó por el Real Madrid. El brasileño siempre explicó que lo hizo porque se negó a nacionalizarse español, tal y como le pedía el club azulgrana para poder fichar a otro extranjero.

Lo recordó en una entrevista al diario *Sport*: «En esa época, después de estar cinco o seis años en un mismo equipo, quedabas libre. El Madrid me hizo una oferta y no tenía que nacionalizarme. Esa fue la razón por la que cambié de club. Fue ventajoso en términos económicos, pero deportivos, no. Estaba muy bien en el Barcelona, vivía muy bien y tenía muy buenos amigos. La rivalidad entre los dos es muy grande. Es difícil que te respeten en los dos lados». Muchos culés lo lamentaron; también el club, que no lo recibió de buen grado.

Ferenc Plattkó

Fenomenal portero húngaro que, como otros jugadores culés a lo largo de la historia del club, también recibió un encargo –voluntario o no– envenenado. En este caso, consistía en hacer olvidar al mítico guardameta Ricardo Zamora: una leyenda blaugrana bajo palos.

Plattkó nació en Budapest y en 1922 vino a Barcelona con su equipo, el MTK, a jugar dos amistosos en el Camp de Les Corts de la Ciudad Condal. Aquello hizo que la directiva azulgrana quedara prendada y maravillada con sus actuaciones y decidiera ficharlo para el primer equipo. Llegó en 1923 y pronto demostró sus habilidades. Según los especialistas, era un jugador valiente, pionero en no vivir siempre bajo palos y salir en busca del delantero. Sobrio y gran blocador que vino en una década en la que el Barcelona empezaba a prepararse para una de sus primeras etapas doradas. En aquella época todavía no se había puesto en marcha la competición liguera –fue en febrero de 1929– y el trofeo más preciado era la Copa.

Uno de los momentos más recordados de Plattkó tuvo lugar el 20 de mayo de 1928 durante la final de la Copa contra la Real Sociedad. Fue una final que duró cinco semanas, repartida en tres partidos. En aquella época no había penaltis después de las prórrogas y se repetían los encuentros si acababan en empate. El primer partido de los hombres entrenados por Romà Forns, que había sido jugador azulgrana, se jugó en El Sardinero, campo del Racing de Santander, en Cantabria. Fue según las crónicas un partido violento, de gran nerviosismo y de mal juego. El encuentro, que terminó uno a uno, estuvo marcado por la grave lesión que sufrió Plattkó después de chocar con el delantero Cholín. El húngaro se lanzó a los pies de Cholín, que estaba en posición inmejorable para marcar, este remató con todas sus fuerzas y su bota impactó violentamente contra la cabeza del portero y le provocó una herida por la que empezó a sangrar. Plattkó quedó conmocionado y fue trasladado inmediatamente a la enfermería. Seis puntos de sutura tuvieron que aplicarle al húngaro. Así lo contaba *Mundo Deportivo* en su crónica del día siguiente: «Al salvar un gol con arrojo temerario, Plattkó ha salido con una contusión en la cabeza por la que manaba la sangre en abundancia. La aparatosidad del choque da claridad con que se ha percibido el momento de establecerse el violento contacto entre el pie de Amadeo y la cabeza de Plattkó y el momento de ser conducido este a los vestuarios con la cabeza sangrando. Era un hecho que por el campo corriera un soplo de tragedia, un momento de escalofrío en que venía a culminar ya la intensa emoción que hacía rato se estaba respirando a consecuencia del juego durísimo que se practicaba y cuyos resultados empezaban a percibirse». Después del descanso, en una acción desafortunada, se lesionó también Josep Samitier, la estrella barcelonista, conmocionado tras un choque con un adversario. Después de diversos minutos con nueve jugadores sobre el terreno de juego y aguantando el cero a cero en el marcador, primero reapareció Plattkó, con su aparatosa venda en la cabeza, y al cabo de unos minutos lo hizo Samitier. El Barcelona, que seguía lógicamente muy mermado físicamente, logró marcar el primer gol del partido, pero minutos después lo hizo la Real Sociedad. El partido terminó en empate y en la prórroga no se marcó ningún nuevo gol. Resultado al margen, la noticia no estaba solo en el césped, también en las gradas. Entre el público del partido se encontraba el poeta Rafael Alberti junto al cantante argentino Carlos Gardel, que era aficionado al fútbol y durante sus giras de concierto en España había establecido cierta amistad con algunos jugadores del Barcelona, especialmente con Samitier, Piera y Plattkó. Rafael Alberti quedó tan sorprendido con la actuación heroica del portero húngaro en la final que le dedicó una oda que ha pasado a la historia. Apareció en la primera página del periódico *La Voz de Cantabria* del día 27 de mayo de 1928:

Ni el mar,
que frente a ti saltaba sin poder defenderte.
Ni la lluvia. Ni el viento, que era el que más rugía.
Ni el mar, ni el viento, Platko,
rubio Platko de sangre,
guardameta en el polvo,
pararrayos.
No nadie, nadie, nadie.
Camisetas azules y blancas, sobre el aire.
Camisetas reales,
contrarias, contra ti, volando y arrastrándote.
Platko, Platko lejano,
rubio Platko tronchado,
tigre ardiente en la yerba de otro país.
[...]
No nadie, nadie, nadie,
nadie se olvida, Platko.
Ni el final: tu salida,
oso rubio de sangre,
desmayada bandera en hombros por el campo.
¡Oh, Platko, Platko, Platko
tú, tan lejos de Hungría!
¿Qué mar hubiera sido capaz de no llorarte?
Nadie, nadie se olvida,
no, nadie, nadie, nadie.

Dos días después de aquel partido se disputó el desempate,

esta vez sin Plattkó en el once barcelonista. El encuentro acabó nuevamente en empate. Defendió la portería Llorens. El tercer partido de la final de las cinco semanas se jugó el 29 de junio. Esta vez el conjunto azulgrana acabó ganando tres a uno y se proclamó campeón. De aquella serie de partidos también hizo su aportación otro reconocido poeta, Gabriel Celaya, guipuzcoano y aficionado realista. Contraprogramó el poema de su amigo Rafael Alberti con su *Contraoda del poeta de la Real Sociedad.*

Plattkó jugó con el Barça doscientos veintiséis partidos, según las cifras oficiales del club, y entre los logros cuenta en su palmarés con una liga, la que inauguró el campeonato el año 1929. El guardameta húngaro se marchó en 1930 para retirarse en el Basilea suizo. Volvió al Barcelona para hacer de entrenador en dos etapas: 1934-1935 y 1955-1956. No fue Alberti el único artista que quiso rememorar esta época de brillante juego azulgrana. Para completar la trilogía artístico-futbolística de la época, Carlos Gardel también tuvo un recuerdo para el oso húngaro y sus compañeros. Terminó adaptando su tango *Patadura.* En 1929 grabó en París una nueva versión de su canción para citar a Josep Samitier, Plattkó, Josep Sastre, Vicenç Piera y Ricardo Zamora, que pasaban por un mal momento después de diversas derrotas en una gira de partidos por Argentina y Uruguay.

Así quedaba resumida una de las etapas de aquella primera edad de oro del Fútbol Club Barcelona. Así quedaba plasmada la etapa de Plattkó y sus compañeros de viaje en el campo. Ni Gardel se olvidaba de Plattkó. No nos olvidamos de Plattkó. No os olvidéis de Plattkó.

Francisco Javier González
Urrutikoetxea, «Urruti»

El barcelonismo sabe que pronunciando dos palabras mágicas –«*Urruti, t'estimo*»– aparece inmediatamente el dulce recuerdo de la liga ganada en marzo de 1985 por el Barcelona contra el Valladolid por uno a dos, en el Nuevo Estadio Zorrilla de la capital castellana, gracias a un penalti parado por el portero vasco del club azulgrana. Esto es porque la decisiva parada de Urruti va acompañada de la mítica narración del periodista Joaquim Maria Puyal, en Ràdio Barcelona, que de manera espontánea reaccionó así a la jugada que daba el título a los de Terry Venables –Mágico González lanzó la pena máxima y Urruti atrapó el balón–: «*Urruti ha atrapat, Urruti ha atrapat, Urruti, t'estimo, Urruti, t'estimo, Urruti, t'estimo...*».

Corría el tramo final del partido y el Barça tenía a su alcance el título liguero y podía proclamarse campeón con antelación. En la recta final del encuentro, un futbolista del Barça, Julio Alberto, hizo un penalti –para muchos periodistas del momento, inexistente–. El resto es historia del Barça. Lo explicaba *La Vanguardia*: «Eran las dieciocho horas y cuarenta y tres minutos de ayer, 24 de marzo de 1985, cuando Javier Urrutikoetxea detuvo el penalti que solamente Sánchez Arminio vio. Su compañero Gerardo Miranda fue el primero que estrujó a su compañero. Después Urruti lanzó un corte de mangas al aire. Y lo justificó así: "Era el quinto penalti que nos pitaban en la liga y si Mágico llega a marcar se hubiera retrasado el alirón". Urruti calificó la jugada del máximo castigo señalado por el cántabro Sánchez Arminio como "clave, porque con el empate no seríamos todavía campeones". El portero barcelonista explicó que lo había parado "porque tuve la suerte de tirarme por donde iba el cuero". Y campeones. Euforia sin control en el campo y en las casas».

Un volcán emocional en todos los lugares donde se celebraba que el Barcelona había conseguido al fin su décimo título de campeón de liga, que acababa con once años sin ganar una competición doméstica, un periodo de sequía que un club así no podía permitirse. Además, la catarsis colectiva hizo que el barcelonismo saliera a la calle y colapsara el centro de la ciudad de Barcelona; según las crónicas, la agencia de noticias Europa Press cifró en cerca de un millón de personas las que fueron a mostrar en público la alegría por el título conseguido. Y fue una liga de récord, también, porque el Barcelona fue líder desde la primera hasta la última jornada. Fue la liga de jugadores que formaban parte de un equipo que completó una gloriosa temporada: Gary Lineker, Víctor Muñoz, Migueli, Julio Alberto y el carismático y entrañable Urruti, un portero que llegó al Fútbol Club Barcelona en 1981, procedente del Espanyol, y se fue en la temporada 1987-1988, y que está considerado uno de los mejores porteros del club.

Solidario, incansable y generoso, fue el líder moral que quieren muchos entrenadores en el vestuario. Fue un ídolo que se ganó también el respeto y el cariño de la afición culé por su actitud dentro y fuera de los terrenos de juego. Su trayectoria consta de ciento ochenta y tres partidos oficiales. Su debut con la camiseta azulgrana tuvo lugar en la jornada veinticinco de la temporada 1981-1982 ante el Atlético de Madrid. La lesión del portero titular Pello Artola al final de la primera parte permitió su entrada nada más reanudarse el partido tras el descanso. Destacaba, sobre todo, por ser un portero ágil y seguro, además de por sus reflejos bajo palos. Ganó el Trofeo Zamora –al portero menos goleado de la liga– en la temporada 1983-1984, con solamente veintiséis goles encajados en treinta y dos partidos.

La historia de Urruti en el Barcelona va ligada también a otros lanzamientos de penalti, en este caso con regusto amargo: los de la final de la Copa de Europa de Sevilla, de 1986, que disputó el Barça contra el Steaua de Bucarest. Es una final de malos recuerdos para el barcelonismo. Aquel 7 de mayo de 1986 el club tenía de nuevo delante la oportunidad de volver a reinar en Europa, de convertirse en un club ganador y revertir la tendencia perdedora y sobre todo de resarcirse de la final de Berna de 1961, donde la madera de las porterías le había negado el título de rey de Europa. Como ya saben todos, el partido terminó en empate y el campeón se tuvo que decidir desde los once metros. Urruti ese día paró dos penas máximas en la ronda de penaltis; aun así, no pudo evitar que el equipo rumano se proclamara campeón, porque el Barça falló los cuatro lanzamientos. Helmuth Ducka-dam, el portero del Steaua, paró cuatro penales al Barcelona, y nuevamente la afición se quedó sin la tan ansiada copa.

Fue seis años después, con Johan Cruyff, cuando se consiguió finalmente el premio. Precisamente, una de las anécdotas vi-vidas por Urruti en su etapa como azulgrana fue su faceta de periodista por un día en una entrevista que le realizó a Cruyff el 15 de junio de 1985 para Televisión Española. Cruyff en aquel momento ocupaba un cargo en el cuerpo técnico del Ajax y durante la conversación no tuvo ningún problema en reconocer que iría con gusto al club azulgrana –algo que se produjo años después–, pero con algunas condiciones: mando total en el aspecto técnico, sin admitir intromisiones en el trabajo. Como relataba *Mundo Deportivo*: «Urruti, al comenzar la transmisión, dijo a los telespectadores que casi prefería que le pitasen un penalti a tener que enfrentarse a la faceta de entrevistador ante las cámaras, pero honradamente hay que admitir que salió perfectamente airoso gracias a su ex-periencia acumulada en las veces que ha sido él el entrevistado y a su natural desenvoltura. "Nunca llegamos a jugar juntos en el Barcelona –comentaba el guardameta, mientras Cruyff asentía–, pero sí lo tuve muchas veces como rival. Cuando me enfrentaba a él –decía el portero vasco–, estaba más pendiente de su rostro que del balón"».

Urruti vio cómo la llegada al primer equipo del también vasco Andoni Zubizarreta, el verano de 1986, le otorgó un papel secundario en el equipo y al terminar la temporada 1987-1988 dejó el club. Su palmarés consta de una Recopa de Europa (1981-1982), una liga (1984-1985), dos Copas del Rey (1982-1983 y 1987-1988), dos Copas de la Liga (1982-1983 y 1985-1986) y una Supercopa de España (1983). Se marchó con un sabor agridulce, con la sensación de no haber recibido en su tramo final por parte de la directiva el cariño y el respeto que siempre le mostró la afición.

Urruti tuvo, en el año 2001, un final prematuro. Murió a los cuarenta y nueve años en un fatídico accidente de tráfico que se lo llevó para siempre.

Gerard Piqué

Cuando era pequeño, Gerard Piqué no quería ser futbolista, sino jugador del Barça. Este hecho resume el amor a los colores azulgranas de este legendario central culé. Su abuelo Amador Bernabéu, antiguo directivo y vicepresidente del club, lo hizo socio del Barça el día que nació.

Con diez años Piqué se iniciaba en el fútbol base en la primera de las categorías que existían en aquel momento, el alevín B. A partir de aquí pasó por los diferentes peldaños del plantel. Al acabar la temporada 2003-2004, Piqué dejó el club de su vida y se marchó al Manchester United. Después de tres temporadas en la Premier League, en 2006 jugó cedido en el Real Zaragoza para volver de nuevo al United y colaborar en el doblete de Premier League y Liga de Campeones que ganaron los hombres de Alex Ferguson. La temporada 2008-2009 Pep Guardiola lo recuperó para la causa azulgrana y lo convirtió en uno de los bastiones imprescindibles de su proyecto. Por un traspaso de cinco millones de euros, firmó su contrato por cuatro temporadas, con una cláusula de cincuenta millones de euros. El 6 de junio de 2011, en una entrevista concedida al diario *EL PAÍS*, el segundo entrenador del Barça de Guardiola, Tito Vilanova, hablaba sobre la plaga de lesiones que esa temporada estaba afectando al equipo y explicaba: «Hubo un momento en que rezábamos para que no cayera Gerard Piqué. Si se lesionaba, se nos desmontaba el invento, se nos caía. Ha sido terrible el desgaste al que le sometimos. Su vida ha atravesado un momento complicado. Lo ha llevado de maravilla. La temporada de Piqué es perfecta, de un mérito enorme».

Piqué fue en el Barcelona uno de los mejores defensas centrales del mundo. Era todo carácter, seguridad y técnica con la pelota en los pies, y tenía grandes dotes de liderazgo. A todas estas cualidades se sumaba un extraordinario juego aéreo que también utilizaba eficazmente cuando subía al ataque. De hecho, el central barcelonés siempre ha tenido alma de delantero y es el segundo defensor más goleador del Barça, después del holandés Ronald Koeman. Marcó cincuenta y seis goles, según las estadísticas oficiales del club. Cuando marcó su primer gol en la liga española, ya se había estrenado como goleador azulgrana meses antes, en la Champions League ante el Sporting de Portugal, el 26 de noviembre de 2008. No pudo ser más emblemático.

El central azulgrana cerró una goleada indeleble en el Bernabéu por dos goles a seis el 2 de mayo de 2009, una goleada que acercaba al Barça al título de liga. Cuando el balón llegó al fondo de la red, Piqué dejó una celebración icónica.

Debutó oficialmente con la camiseta azulgrana el 13 de agosto del 2008 en un partido de Liga de Campeones contra el Wisla Cracovia –cuatro a cero–. Sustituyó en el minuto setenta y cinco a Dani Alves en la eliminatoria previa de la competición europea. En esa temporada ya se convirtió en un futbolista fijo en el eje de la defensa y demostró su capacidad para sacar el balón desde atrás. Formó junto a Carles Puyol una de las parejas defensivas más inexpugnables de la historia del Fútbol Club Barcelona. El primer año con Guardiola todo salía de cara y acabó en Roma celebrando la victoria en la final de la Champions y también el triplete, que desembocó en el sextete del mejor Barça de la historia. En ese equipo había jugadores como Leo Messi, Xavi Hernández, Víctor Valdés, Sergio Busquets, Samuel Eto'o o Pedro Rodríguez. Fueron cuatro años con Guardiola buscando constantemente la excelencia. La llegada de Tito Vilanova sirvió para darle continuidad al proyecto, pero su muerte hizo que el Barça tuviera que buscar un nuevo inquilino en el banquillo. Tata Martino, Luis Enrique, Ernesto Valverde, Ronald Koeman… han sido místeres que han seguido perpetuando la mejor generación de futbolistas que ha dado el club, y Gerard Piqué siguió compitiendo al máximo nivel y llenando de títulos su mochila profesional. En toda su trayectoria como azulgrana: tres títulos de Champions, ocho ligas, siete Copas del Rey, tres Mundiales de Clubes, tres Supercopas de Europa, seis Supercopas de España, dos Copas Catalunya y dos Supercopas de Catalunya. Piqué se retiró del fútbol siendo el quinto jugador con más partidos en el club, con un impresionante balance de seiscientos sesenta y nueve partidos, contando también los no oficiales.

A pesar de su gran personalidad y liderazgo, no fue hasta el 2018 que Piqué se estrenó en un partido oficial, y como titular, como capitán. El central catalán saltó aquel día al césped del Camp Nou contra el Athletic de Bilbao con el brazalete. Lo hizo posible la ausencia en el once inicial de Leo Messi y Sergio Busquets, a los que el entrenador Ernesto Valverde dio descanso contra su exequipo. El cuarto capitán en aquel momento era Sergi Roberto. Ese verano, sus compañeros habían escogido a Piqué como tercer representante. Y un día, sin darse cuenta, llegó el final. A las 22:43 h del 5 de noviembre de 2022 Gerard Piqué era sustituido por última vez y decía adiós a la que ha sido su casa durante toda una vida. El Camp Nou, lleno a rebosar con más de noventa y dos mil espectadores, se ponía de pie para despedirle. «Estoy convencido de que en un futuro volveré a estar aquí». Y en su *speech* del final del partido afirmó: «Esto no es una despedida. Me fui con diecisiete años y volví. Mi abuelo me hizo socio el día que nací. Nací aquí y moriré aquí. ¡*Visca* el Barça siempre!».

Gustau Biosca

Biosca es uno de los mejores defensas de la historia del club. El central jugó en el primer equipo en los años cincuenta, formando parte del mítico Barça de las Cinco Copas, el primer gran Barça de la segunda mitad del siglo XX. Kubala era clave en un equipo que en la temporada 1951-1952 consiguió la quinta liga, la undécima Copa de España, la segunda Copa Latina, la tercera Copa Eva Duarte y la primera Copa Martini & Rossi.

Los cronistas de la época destacan que Biosca puso las bases de lo que sería el prototipo de central culé en las próximas décadas. Destacaba por su anticipación y capacidad para defender a muchos metros de la portería. Defendía hacia delante, sin necesidad de hacer grandes esfuerzos, y evitaba males mayores. Además, a una gran fuerza física se le añadía una técnica exquisita con la pelota, algo poco habitual en los defensas de la época. Su colocación sobre el terreno de juego era perfecta y su gran visión de juego desde el eje de la defensa le permitía hacer pases de larga distancia. En la mirada futbolística de muchos aficionados blaugranas, Gerard Piqué fue su reencarnación del siglo XXI.

Formado en las categorías inferiores del Barcelona, Biosca fue titular indiscutible del primer equipo durante nueve temporadas, entre 1949 y 1958. En esa etapa disputó un total de doscientos veinticuatro partidos con el conjunto azulgrana, contribuyendo activamente a la consecución de importantes títulos y, según los datos oficiales del club, marcando cinco goles. Un emblema de la institución en la primera época gloriosa del Barcelona en España y en Europa.

Con Ladislao Kubala y César Rodríguez formó un trío de amigos inseparables, compañeros de experiencias dentro y fuera del campo. La amistad llegó a tal extremo que a uno de sus hijos lo llamó César y, en septiembre de 1963, lo bautizó en la capilla del Camp Nou con su amigo César Rodríguez de padrino. En 1957 sufrió una grave lesión que le tuvo apartado de los terrenos de juego durante mucho tiempo. Tras una dura recuperación, se integró en el filial barcelonista del Comtal para intentar recuperar la forma física, pero nunca lo consiguió y se retiró prematuramente, en 1959. Al margen de su trayectoria difícil de igualar con el club azulgrana, Biosca fue el defensa central de la selección española durante tres años, entre 1951 y 1954, siendo uno de los bastiones en esa época.

De carácter abierto y bromista, fueron conocidas sus andanzas tanto en el césped como en la vida social barcelonesa. Extravagante en ocasiones, como revela el libro *Las mejores anécdotas del Barça*, de Paco Martínez, llegó a presentarse a un entrenamiento del equipo montado a lomos de un caballo blanco que le prestó un amigo, comandante de un cuartel de caballería. Llegó al entrenamiento dirigido por Daucik y se dirigió al técnico al más puro estilo indio: «*Hau*, Toro Sentado te saluda». Hay que subrayar que Biosca –de buena planta y perfectamente bronceado– fue uno de los futbolistas más populares de España en la década de 1950, y no solo por sus virtudes en el terreno de juego. Fue considerado uno de los españoles más atractivos de los años cincuenta y uno de los primeros deportistas mediáticos de España, justo en el momento en que se estrenó la televisión. Amante de la vida nocturna, era un habitual de los locales de moda barceloneses junto a Kubala, el hombre que lo bautizó como «Gitano». Flirteó con la fama y, más allá de su legado, le acompañan miles de historias vinculadas a la crónica rosa de nuestro país. ¿Tuvo Biosca un idilio con la cantaora flamenca Lola Flores? La respuesta queda botando como una pelota para que alguien la remate. Las revistas y programas del corazón se pondrían las botas hoy en día. Se hinchó a sacar balones del área propia, pero no fue capaz de evitar los rumores y los chismes en una España ávida de airear secretos a voces. Las revistas y la prensa dieron buena cuenta de ello y lo han plasmado para la posteridad. En el año 2014 lo resumía de esta manera, en la revista *GQ*, Montero González: «Lola se fijó en Biosca de aquella manera. Iba a verlo jugar envuelta con un pañuelo y gafas negras, como una espía, para que nadie la reconociese en aquellos tiempos en que las fotografías eran gris marengo y en las gradas la afición chupaba el Farias en los inviernos y el rico bombón helado en los veranos. Según cuentan, la pareja se conoció en una fiesta, en el Caribe o por ahí cerca, y el romance no acabó en boda porque él no quiso ya que estaba comprometido. Pero el amor que vivieron futbolista y folclórica fue un serial con dos rombos y encuentros en hoteles de paso. Habitaciones donde ella se inscribía con nombre falso y él aparecía por la ventana. Fue en una de aquellas estancias donde el futbolista le confesó a Lola que tenían que dejarlo, que él estaba comprometido ya con otra mujer. Cuentan que Lola lo presentía, por ese sentido que tienen las mujeres para percibir los mundos invisibles, y que fue al baño y se encerró durante un buen rato para acicalarse en señal de despedida. Cuando Lola salió del baño lo hizo en cueros y, para la ocasión, llevaba un lazo negro en el pubis en señal de luto por aquel amor que iba a recibir los últimos salivazos». Aunque Biosca dejó a Lola Flores para casarse con la que sería su esposa, ella siempre reconoció que Biosca había sido uno de los grandes amores de su vida.

Cuando se habla de Biosca, sobrevuela en el ambiente una leyenda, no negra, más bien blanca, sobre su supuesto fichaje por el Real Madrid. El central estuvo tentado de recalar en el club blanco, el eterno rival del Barcelona. Y, además, con una oferta económica generosa, seis veces mayor de lo que ganaba.

Pero él mismo explicó en el programa *Aquest any, cent!*, de TV3, que un día llegó a casa y dijo que dejaba el Barça para irse a jugar al Real Madrid porque no podía rechazar la oferta fenomenal que le había hecho el club blanco. «Estábamos cenando y yo expliqué que había tenido esta oferta y mi padre dejó de comer la sopa, en mi casa se comía sopa cada noche, y me miró con una mirada que no se me olvidará nunca más y me preguntó si era verdad que me quería ir del Barça por esta oferta de mucho dinero que me hacía el Madrid, seis o siete veces más de lo que yo cobraba en el Barcelona. Tenía veintitrés años en aquel momento y mi padre me dijo: "Mira, si aceptas, no comerás ni cenarás nunca más en esta mesa". De la manera que me lo dijo, con la mirada que me puso, se me iluminó la cabeza y pensé: "Qué razón tiene"».

El 7 de febrero de 1962, el club le dedicó un homenaje en el Camp Nou junto con Marià Gonzalvo –Gonzalvo III–, otra leyenda del barcelonismo. Biosca, una vez retirado, fue el alma, durante muchos años, de la Agrupación de Veteranos del club, y entre 1993 y 2000 fue directivo del Fútbol Club Barcelona encargado de la relación con los jugadores.

Esta leyenda de la historia del barcelonismo fue el último superviviente del equipo de las Cinco Copas. Tuvo que despedirse a lo largo de las décadas de sus compañeros: Ramallets, Seguer, Martín, Gonzalvo III, Basora, Segarra, Velasco, Kubala, Moreno, Manchón, César… Todos se fueron.

Gustau Biosca nos dejó el 1 de noviembre de 2014. Lo enterraron en el Cementerio de Les Corts, a apenas cincuenta metros del Camp Nou, el lugar que tantas horas le hizo disfrutar.

Hristo Stoichkov

Stoichkov era un ídolo en su país. Después de haber triunfado seis años en el CSKA Sofía, se convirtió en el máximo goleador de Europa en 1990, hecho que le llevó a ganar la Bota de Oro. Seguramente su llegada se empezó a gestar antes, en abril de 1989, cuando el CSKA Sofía se enfrentó al Barça en la semifinal de la Recopa de Europa.

En verano de 1990, con veinticuatro años, llegó al Fútbol Club Barcelona a petición del entrenador Johan Cruyff, que lo consideraba clave para su proyecto. «En aquellos momentos era muy difícil salir de Bulgaria o Rumanía», contaba el representante de jugadores Josep Maria Minguella en las páginas del diario *Sport*. Stoichkov se convirtió en uno de los emblemas del Dream Team de Johan Cruyff. Contaba: «Gracias a Tente Sánchez descubrimos una gran generación de futbolistas búlgaros y pude hablar con ellos, y me comprometí a encontrarles un equipo de primer nivel». Hristo había deslumbrado después de marcar tres goles en la semifinal de la Recopa de Europa con el CSKA Sofía. Esos tres goles, en aquella decisiva eliminatoria que acabó clasificando al Barça para la final de Berna, marcaron toda su carrera deportiva posterior y los técnicos consideraron que era el más idóneo para el Barcelona. Minguella explicó que Hristo incluso habló con unos militares, que dieron el visto bueno para que se pusiera en marcha toda la maquinaria del traspaso al club azulgrana. Hay que recordar que el club búlgaro era un equipo militar, donde primaba la disciplina, y que tenía grandes jugadores: Ivanov, Penev, Kostadinov… «Estábamos en el Sheraton, un hotel diferente de los de corte

comunista, en Sofía», recordaba Minguella en el diario *Sport*. «Un día oíamos ruidos y había tanques... Quedé impactado. El caso es que en la negociación con el CSKA Sofía tuvimos que tratar con los militares que dirigían el club. Íbamos, nos daban té caliente, un yogur y vodka... Vasos de vodka a primera hora de la mañana, para arrancar con fuerza el día», recordaba Minguella en 2019.

Cuando fichó por el Barcelona, su carácter extrovertido, su vehemencia y su coraje le convirtieron, además de en un atacante imprescindible y una estrella del Barça, en uno de los jugadores más queridos por la afición culé. Fue uno de los protagonistas indiscutibles del llamado Dream Team blaugrana, junto con Andoni Zubizarreta, Ronald Koeman, Josep Guardiola, José Mari Bakero, Michael Laudrup, Txiki Begiristain y también, un año, con Romário de Souza, el brasileño que con sus trucos encandiló al Camp Nou una temporada y media.

Hristo Stoichkov fue un gran campeón que hizo grande al Barça, pero, fruto de su fuerte temperamento, es recordado también por haber propinado un pisotón a un árbitro de primera división. No es un tema menor agredir a un colegiado, es un hecho que en la liga española se ha visto pocas veces. Fue en el Camp Nou la noche del 5 de diciembre de 1990 en el partido de ida de la Supercopa de España que enfrentó al Barça y al Madrid. «Todo empezó con una entrada fuerte de Chendo a Hristo cerca del banquillo del Barça. Chendo fue fuerte, pero no lo tocó. Y él empezó a protestar y Cruyff salió del banquillo braceando y pidiendo tarjeta», explicaba el colegiado vizcaíno a *Mundo Deportivo*. «Con sus protestas me quiso echar al público encima para sacar partido. Yo le dije que Chendo no había tocado a Hristo y que no protestase más o lo echaba. Y me dijo que yo a él no me iba a atrever a echarlo en el Camp Nou. Y lo eché: expulsado. Y entonces Hristo se puso a protestar más fuerte. Me insistía en que Chendo le había pegado y yo le decía que no. Y le amonesté. Entonces me dijo que tenía mucha cara. Y le saqué la segunda amarilla y lo expulsé. Se me encaró y avisé a Rodolfo Peris y le dije que se llevase al búlgaro, que la iba a liar. Y, de forma inesperada, me pisó en el empeine. Al principio no me lo quería creer, pero cuando empezó a dolerme ya me lo creí. Acabé la primera parte como pude, y en la caseta Ángel Mur me atendió. Tenía una herida porque los tacos eran de aluminio», recuerda Urizar. Este hecho insólito acabó con una sanción de dos meses sin jugar al fútbol para el búlgaro.

En 2019, cuando le hicieron un homenaje a Stoichkov en Sofía, el búlgaro quiso escenificar el perdón e invitó al exárbitro a que se presentara. «Yo cometí un error, pero de todo se aprende. Urizar es parte de mi larga carrera. Supimos darnos la mano el uno al otro y perdonarnos», bromeaba para el diario *Deia*, casi treinta años después, el búlgaro. Por eso invitó al excolegiado y a su mujer. Stoichkov explicaba el porqué de su decisión: «Me salió en el momento. No lo tenía pensado. Le vi emocionado y me salió. Pedir perdón no es malo, es reconocer que de los errores también se puede aprender. Me equivoqué, y listo. No me cuesta decirlo. Después pasamos tres días fantásticos en Bulgaria». «Lo del campo queda en el campo. Todos en el deporte tenemos un momento de mala leche. Los árbitros también. Hay que saber perdonar», expuso Urizar Azpitarte. Al perdón le acompañaron las botas de aquel icónico momento de regalo, que Urizar Azpitarte guarda en una vitrina en su casa. «Tuvo la gallardía de pedirme perdón delante de tanta gente. Y encima me regaló las botas...». Aquello le sirvió a Stoichkov para controlar su carácter explosivo, aunque siempre forma parte intrínseca de su personalidad.

Fue, anécdotas al margen, una pieza vital del Dream Team de Johan Cruyff. «A quien también le debo mucho, o todo, es a Johan Cruyff», dijo el búlgaro en una entrevista concedida a la web oficial del club. «Lo primero que debo agradecerle es que confiara en mí. Que apostara por mí. Recién aterrizado en Barcelona, recuerdo que me dijo: "Escúchame, trabajaré contigo hasta que ganes el Balón de Oro". Yo por aquel entonces era prácticamente un chico desconocido, y que Cruyff me dijera aquello me motivó muchísimo. Luego, en infinidad de ocasiones, me decía cosas que me ponían de mala leche y, al fin y al cabo, aumentaban todavía más mis ganas de salir a ganar. Futbolísticamente hablando, los inicios no fueron del todo fáciles. Yo tenía que adaptarme a la posición del balón y me costaba no correr detrás de él. Cuando comprendí y asimilé todos los conceptos del estilo de juego del equipo, todo empezó a funcionar». Al final fueron trescientos cuarenta y un partidos jugados y ciento sesenta y dos goles, según las estadísticas del club. Stoichkov ganó el Balón de Oro en el año 1994. En la temporada 1995-1996 el destino lo llevó al Parma Calcio, pero el búlgaro volvió al club la siguiente temporada, con Louis van Gaal de entrenador. El estilo de juego era diferente, Stoichkov ya no era el mismo y no tuvo los minutos necesarios para demostrar que todavía era el jugador explosivo. Demasiada competencia.

Fue en 1998 cuando se desvinculó, esta vez sí de forma definitiva, del Barça y volvió al CSKA Sofía. Cerró su etapa culé con cinco ligas, una Copa de Europa, dos Copas del Rey, una Recopa de Europa, dos Supercopas de Europa y cuatro Supercopas de España.

Immaculada Cabecerán

El 17 de noviembre de 1970 salió publicado en la *Revista Barcelonista* este anuncio: «El fútbol femenino está abriéndose camino. Y está llegando a Barcelona. Tanto es así, que una simpática señorita acude a nosotros para solicitarnos ayuda en su deseo de completar una plantilla de buenas jugadoras. Immaculada Cabecerán, que así se llama, tiene el proyecto de organizar un equipo de fútbol femenino dentro de la esfera del FC Barcelona. Para ello ya dio el primer paso, que fue hablar con el señor Montal, quien ha acogido la idea con simpatía, pero advirtiendo que dará el "sí" siempre que el equipo gane todos los partidos. La señorita Cabecerán ya cuenta con varias jugadoras, pero hacen falta más. Para ello espera que todas aquellas señoritas que están comprendidas entre los 18 y 25 años y deseen, naturalmente, formar parte de este equipo de fútbol femenino, llamen al teléfono 247 84 67 y la señorita Cabecerán les informará de todo. Las posibles aspirantes a jugadoras deben tener en cuenta que el "debut" del equipo será el día de Navidad en el estadio barcelonista. Así que, señoritas, a jugar al fútbol». La artífice de la publicación de este anuncio fue Immaculada Cabecerán, una futbolista catalana que se puso en contacto con Agustí Montal, presidente del Barcelona, para pedirle jugar un partido en el Camp Nou.

Tras la publicación, se presentaron muchas voluntarias para formar el primer grupo de pioneras. En poco más de un mes se puso en marcha la maquinaria para disputar el encuentro. Tras diversos entrenamientos llegó el gran día. En su página web el club azulgrana informa de que «el primer partido de fútbol que jugó un equipo femenino del FC Barcelona fue el 25 de diciembre de 1970, con motivo de un festival benéfico». Concretamente, como explicó la periodista Begoña Villarubia en *Mundo Deportivo* el año 2018, era un evento «lúdico deportivo con sardanas y *castellers* previos al partido entre el Barça masculino y el CSKA Sofía. Las gradas estaban repletas». El partido enfrentó en el Camp Nou a las jugadoras del Barça, entrenadas por el exportero barcelonista Antoni Ramallets –que ocuparía el cargo durante más de un año–, contra la Unió Esportiva Centelles. Sin embargo, aquel equipo de chicas barcelonistas no estaba reconocido oficialmente por el Club, y en esa ocasión no pudo lucir la camiseta azulgrana ni utilizar el nombre de Fútbol Club Barcelona. El once que jugó aquel día de Navidad se llamó Selección Ciudad de Barcelona y lucía camiseta blanca, pantalón azul y medias azulgranas. El resultado de aquel partido –seguramente lo menos importante de aquel día– fue de cero a cero. Las jugadoras azulgranas se impusieron cuatro a tres en la tanda de penaltis.

Aquello supuso, gracias a la insistencia de Cabecerán, la creación del equipo de la Peña Femenina del Barça. El club pagaba los desplazamientos, dirigía los entrenamientos y ponía la equipación. No podían llevar el escudo porque no tenían estatus oficial, pero empezaron a jugar la Liga Catalana bajo el padrinazgo del club azulgrana. Este fue el embrión que desembocaría años más tarde en la creación del Barça femenino.

Imma Cabecerán falleció en enero de 2018. Para la posteridad ha quedado la alineación de las que fueron las pioneras del fútbol femenino barcelonista: Mínguez, Giménez, Gazulla, Vilaseca, Arnau, Jaques, Mayte, Cabecerán, Núria Llansà, Estivill, Blanca, Lolita, Pérez, Nieto, Ros y Glòria. Gracias a ella y a aquellas pioneras, hoy el equipo femenino del FC Barcelona sigue haciendo historia.

Joan Segarra

No siempre se tiene en el mundo del deporte el honor de ser de forma sostenida en el tiempo la cara visible de un vestuario ni el futbolista que levanta los trofeos de uno de los mejores equipos de la historia del Fútbol Club Barcelona. Es el caso de Joan Segarra, apodado «el Gran Capitán», que desde su llegada al club en 1949 estuvo quince años, en los que desarrollaría una de las más completas carreras futbolísticas jamás vistas.

Perteneció a dos épocas que tienen grabadas sus gestas con letras de oro en la historia del Barça: las Cinco Copas y el Barça de Helenio Herrera. Clásicas son esas imágenes en blanco y negro del NO-DO anunciando un nuevo triunfo del Barça en las que se veía a Juan Segarra intercambiando banderines con el capitán rival, llevando el brazalete o recogiendo los trofeos que su club ganaba. En infinidad de ocasiones era Franco quien hacía entrega de la Copa a un exultante y sudoroso Segarra.

Tuvo el honor de recoger como capitán los múltiples trofeos que conquistó junto a jugadores de la categoría de Ramallets, Kubala, César, Moreno, Basora y Manchón, entre otros. El Gran Capitán jugó quinientos setenta y siete partidos con el FC Barcelona –cuatrocientos cuatro oficiales– y anotó treinta y dos goles –veinticuatro oficiales–. Ganó una Copa Latina, dos Copas de Ferias, cuatro ligas, seis Copas y dos Copas Eva Duarte. También ganó la Pequeña Copa del Mundo de Clubes en 1957, predecesora de la Copa Intercontinental y el actual Mundial de Clubes. Segarra dejó en el Barcelona, y también en el fútbol español, una impronta difícil de igualar.

Llegados a este punto, para los no iniciados quizá haya que explicar cómo jugaba el Segarra futbolista. Los más viejos del lugar explican que Segarra era un medio de corte defensivo con una técnica privilegiada, un jugador que normalmente jugaba en defensa por el centro o por la izquierda, o por delante de esta, y tenía un fondo físico impresionante. De hecho, también fue un futbolista versátil donde los haya: jugaba en el centro del campo, aunque también solía ocupar posiciones más defensivas. Tenía un disparo potente que le valió para marcar algunos goles decisivos. Como buen capitán, nunca se arrugaba y siempre exigía a sus compañeros el mismo nivel de compromiso.

Si bien brilló en el Barça de las Cinco Copas, su segunda etapa no fue menos prolífica, con la llegada a Barcelona, en 1958, de Helenio Herrera. Juan Segarra, como capitán, no tardó en reunirse con el nuevo entrenador. Haciendo fe de su elegante talante, Segarra, ya entrado en los treinta, no dudó en explicarle que él no quería ser un problema y que si por edad consideraba que no debía seguir en el FC Barcelona lo entendería. H. H. –como solían llamarle– atónito, le respondió: «Usted lleva una vida ejemplar, tiene un físico privilegiado, una capacidad de trabajo única, además nunca ha tenido una lesión importante y es uno de los jugadores más respetados en todos los campos de fútbol. Usted jugará hasta los cuarenta». Lo cierto es que la mayoría de cronistas aseguran que las dos mejores temporadas de Juan Segarra fueron con Helenio Herrera en el banquillo, si miramos los números y el rendimiento en el terreno de juego, es decir, a nivel estadístico y a nivel deportivo. El Barça lo ganó casi todo, incluido el doblete de liga y Copa. La gesta cabe valorarla más si a eso añadimos que para conseguirlo tuvieron que competir contra el mejor Real Madrid de todos los tiempos. Como escribe Fernando Pla en su libro *El gran capitán*, H. H. dijo de él: «Nunca tuve en mi carrera un capitán con la dedicación, humanidad y calidad de Juan Segarra. Cuando fui al Inter necesité tres líderes para hacer el trabajo que Segarra hacía por sí solo». En el Barcelona, Helenio Herrera, Joan Segarra y compañía se permitieron el lujo de marcar noventa y seis goles en treinta partidos (temporada de 1958-1959).

Uno de sus peores momentos fue en 1961, cuando una lesión en el ojo le impidió jugar la final europea de Berna. «Perderme aquel partido fue uno de los mayores disgustos de mi carrera», confesó el 3 de mayo de 1986 a *Mundo Deportivo*. «Unos quince días antes de aquel choque frente al Benfica se disputó un derbi Espanyol-Barcelona. En un momento del partido yo me disponía a tirar a puerta y el españolista Sastre, al darse cuenta de mi intención, se lanzó a despejar el balón, con tan mala fortuna para mí que salió rebotado e impactó sobre mi cara. Me dio en el ojo izquierdo, produciéndome un hematoma y una hemorragia terribles. Lo cierto es que estuve veintiún días en la clínica y, claro, me perdí la final». El Barcelona perdió aquella final. Por aquel entonces, los títulos europeos se le resistían al Fútbol Club Barcelona.

Segarra también sobresalió por ser un futbolista limpio. Durante toda su carrera solo le expulsaron en una ocasión y fue por error: el árbitro vasco Juan Gardeazábal Garay se equivocó y, aunque el auténtico culpable dio la cara durante la acción del juego, la decisión del colegiado era en aquel momento irrevocable. Años más tarde, cuando Joan Segarra jugó su partido de homenaje en el Camp Nou contra el Borussia Mönchengladbach, el 9 de septiembre de 1964, este árbitro, Gardeazábal, se ofreció para actuar como juez de línea de modo desinteresado durante los noventa minutos. Primaba, en este caso, el reconocimiento del árbitro hacia un jugador con el que tantas veces había coincidido en los distintos campos de fútbol y que también destacó por su calidad y corrección en la práctica y desarrollo del juego. De este modo, se fraguó una excelente amistad entre dos grandes deportistas. El resultado fue de cuatro a dos, con goles de Kocsis –dos–, Seminario y Re por parte del Barça. Además de ser un referente en el Fútbol Club Barcelona, Joan Segarra fue también un titular habitual de la selección española entre 1951 y 1962, periodo en el que jugó un total de veinticinco partidos, incluidos los del Mundial de Chile de 1962. Una vez retirado como jugador en activo, en 1965, obtuvo el título de entrenador y Helenio Herrera pidió al Barcelona que lo trajera de vuelta. Dirigió a diversos equipos infantiles de las categorías inferiores del Barcelona, al filial y ascendió a segundo entrenador de Helenio Herrera en la temporada 1980-1981. Era la época de los Schuster, Simonsen y del secuestro de Quini. El 16 de julio de 1999 la Agrupació Barça Jugadors le concedió el Premio al Juego Limpio.

Murió el 3 de septiembre de 2008 en Taradell.

Jordi Alba

La trayectoria de Jordi Alba en el Barça tiene dos etapas. La primera empieza a gestarse –seguramente de forma involuntaria– a principios de los años noventa en las calles del barrio de la Florida, en Hospitalet de Llobregat, donde agota las horas del reloj jugando a su deporte preferido en la calle con su inseparable hermano, David. Cuando juegas al fútbol, las horas siempre tienen más de sesenta minutos.

Después de dar los primeros pasos futbolísticos federados –unas temporadas en el Atlético Hospitalense–, en 1998, con nueve años, Alba ficha por el Fútbol Club Barcelona y se gana un lugar en las categorías inferiores del Barça. Su etapa formativa en el equipo azulgrana dura siete años. En todo este tiempo exhibe su talento en alevines, infantiles y dos temporadas en el cadete B. En esta época, Alba juega de mediapunta o de delantero y combina su habilidad repartiendo asistencias con una facilidad para marcar muchos goles. En 2005 se rompe el romance con el club de su vida: el jugador se queda sin plaza en el Barça y ficha por la Unió Esportiva Cornellà. En el club verdiblanco jugará una temporada. El Valencia descubre al jugador y lo incorpora por seis mil euros a su fútbol base. Tras un breve paso por el juvenil A, sube al Club de Fútbol Mestalla, con quien consigue el ascenso a segunda B. En la siguiente temporada (2008-2009) se va cedido al Nàstic de Tarragona, donde participa en treinta partidos en segunda A, hasta que Unai Emery lo recupera para jugar en primera división con el Valencia. Jordi Alba siempre ha declarado que Emery le cambió la vida futbolísticamente hablando, ya que cambió su

posición a la de lateral izquierdo, cuando toda su vida había jugado en posiciones más ofensivas.

«Al Barcelona le tengo aprecio, estuve ocho años allí; no salí de la mejor manera posible, pero aprendí mucho; he estado ahí parte de mi carrera deportiva y estoy agradecido», dice en 2011, en una entrevista concedida al portal *L'Hospitalet Digital*. Como dijo el escritor Carlos Ruiz Zafón, lo mejor de un corazón roto es que solo puede romperse una vez. Quizá por eso un año después empieza la segunda etapa de Jordi Alba como culé. Tito Vilanova, que hasta entonces era segundo entrenador de Pep Guardiola, lo trae de vuelta para su nuevo proyecto. El jugador firma un contrato de cinco años con el Fútbol Club Barcelona y el club paga catorce millones de euros.

«Alba» es anagrama de «bala» y, en su segunda etapa en el Barça, lo demuestra con creces. La masa social blaugrana vuelve a tener el recurrente debate: ¿hay que pagar por un jugador que ya estuvo en el club? Lo cierto es que, en sus diez temporadas en el primer equipo del Barça, Alba se consolida como uno de los mejores laterales izquierdos del mundo. En los primeros años aporta intensidad, pasión y profundidad, además de construir una sólida sociedad futbolística con el mejor futbolista del mundo: Leo Messi. «Claro que se ensaya. En los entrenamientos nos buscamos. Los rivales ya nos conocen mucho, pero Leo casi nunca falla y yo aprovecho y se la arreo a él», dice el lateral culé en el programa *El Hormiguero*, de Antena 3. Además, tener un lateral capaz incluso de ganar partidos es un plus enorme para cualquier equipo. Su debut oficial en esta segunda etapa con el equipo azulgrana es, como recoge la hemeroteca, el 19 de agosto de 2012 en un partido de liga ante la Real Sociedad que se ganó por cero goles a tres. En su primera temporada vistiendo de nuevo la camiseta azulgrana, el equipo se proclama campeón de liga y llega a semifinales de la Copa del Rey y de la Liga de Campeones.

El mejor momento profesional de Jordi Alba en su retorno

al club de su vida es seguramente la temporada 2014-2015. Con Luis Enrique de entrenador gana el triplete: campeón de Copa del Rey, Liga y Champions, el segundo triplete de la historia del club, después del que consiguió Pep Guardiola en la temporada 2008-2009. Jordi Alba ayuda a alargar el ciclo ganador del mejor Barça de la historia, pero también vive de primera mano el ocaso de su etapa más gloriosa. En esta segunda fase con el club azulgrana, uno de los goles más decisivos es el que marca en 2016 en la final de la Copa del Rey contra el Sevilla en el minuto noventa y siete. Como no podía ser de otra manera, la jugada previa la lleva a cabo su socio más fiel: Leo Messi controla un balón en el centro del campo y lanza un pase en profundidad a su izquierda, al interior del área; Jordi Alba, con tremenda seguridad, bate de un disparo raso y cruzado al portero hispalense Sergio Rico. «Estaba convencido de que íbamos a ganar. Le hemos echado huevos, esa casta que en estos momentos se necesita. Estoy contento por el gol y por el título, que significa un doblete», declara después del partido el lateral blaugrana. Los huevos, para la tortilla; para las finales que se atascan, hay que echarle fútbol.

Los últimos años de su carrera en el club están marcados por las críticas de algunos aficionados por su rendimiento crepuscular. En mayo de 2023, a pesar de tener todavía un año más de contrato, Jordi Alba anuncia que se marcha del club al final de la temporada. Deja en su haber cuatrocientos cincuenta y nueve partidos oficiales con el Barça, veintisiete goles y noventa y una asistencias. «Me voy por muchas cosas. Tenía un año de contrato más, y otro opcional, es así», comenta en 2023 en una entrevista concedida a la Agencia EFE. «Con mi marcha, también ayudé al club claramente. Estaba teniendo menos minutos de lo habitual, y creo que era el momento de dar un paso al lado y a partir de ahí he sido honesto, conmigo mismo y con la gente, y eso es lo que hecho. Esa decisión era la mejor para todos, pese a que no fue para nada fácil tomarla.

En mi despedida, el presidente lo agradeció públicamente, le salió del alma, al final hasta se emocionó, porque él sabe cómo soy yo y que he pasado por momentos delicados. Le agradecí personalmente cuando acabó el acto las palabras que tuvo conmigo por la situación que tiene el club, pero yo también soy el primer agradecido por todo lo que me ha dado el club, y creo que es una situación dura en ese sentido, porque me siento capacitado para competir, con fuerzas, pero, valorando todas las partes, era lo mejor».

Actualmente, es jugador del Inter de Miami, al lado del que fue su socio futbolístico en el césped: Leo Messi. La del Barça y Jordi Alba es la demostración de que, por muchos años que pasen, el primer amor nunca se olvida.

José Mari Bakero

Es el 6 de noviembre de 1991. Se está jugando el tramo final de un Barça-Kaiserslautern en el Fritz-Walter-Stadion de Alemania. Es el partido de vuelta de octavos de final de la Copa de Europa. Los aficionados culés, acostumbrados a coleccionar frustraciones y decepciones en Europa, ni se imaginan lo que está a punto de suceder. A punto de llegar al final del partido, el equipo de Johan Cruyff está eliminado de la máxima competición europea. Está perdiendo por tres goles a cero y con este resultado pierde la ventaja que ganó en el partido de ida en el Camp Nou después de la victoria por dos a cero. Pero en el minuto 89:45 un cabezazo milagroso de Bakero –propulsándose como nunca entre dos centrales alemanes–, después de una falta lanzada por el holandés Ronald Koeman, envía la pelota al fondo de la portería y se desata la euforia. «Ha sido una gran alegría porque hemos trabajado mucho para esto. Nos han hecho mucho daño a balón parado y pienso que, futbolísticamente, hemos sido mejores y merecíamos pasar. ¿Un milagro? No... Milagros no hay, hay que trabajar siempre hasta el final», comenta Bakero en unas declaraciones a TV3 –en aquella época la televisión pública catalana emitía partidos en abierto de la Copa de Europa– después del encuentro. El de José Mari Bakero fue un gol clave para que el Barça pudiera seguir vivo y conquistar meses más tarde, en 1992, en Wembley, su primera Copa de Europa, también en una falta lanzada por Koeman, en este caso directa a portería.

Cuatrocientos cuarenta y tres partidos contemplan a Bakero en las ocho temporadas que estuvo jugando de centrocampista

en el conjunto azulgrana. El futbolista vasco es uno de los símbolos del Dream Team de Johan Cruyff y uno de los grandes capitanes de la historia del Barça. De hecho, su fichaje coincidió con la llegada de Cruyff al banquillo del primer equipo, en la temporada 1988-1989, y participó de una de las etapas más brillantes, desde el punto de vista deportivo, del club azulgrana. «Cruyff pedía una gran exigencia y, si no hubiera llegado con esa mentalidad, seguramente no hubiera cambiado un club como el Barça. Desde el punto de vista de fútbol, hubo un antes y un después; le dio identidad al Barça. Cruyff nos enseñó a ganar», confesaba Bakero en una entrevista, en 2016, concedida a los medios digitales del Fútbol Club Barcelona. El futbolista, que venía de la Real Sociedad, se convirtió en el cordón umbilical del holandés en el vestuario, y su carácter competitivo y su marcada personalidad se notaban tanto dentro como fuera del terreno de juego. En su palmarés en el Barça destacan la Copa de Europa de 1992, la primera del club, dos Recopas de Europa, cuatro ligas españolas y dos Copas del Rey, entre otros títulos.

El 18 de noviembre de 1996 el futbolista vasco puso fin a su carrera como azulgrana y también en el fútbol español en un partido de liga que enfrentó al Barcelona con el Real Valladolid. «Y lo hizo dejando un gol –el cuarto– como colofón y recuerdo de su fructífera carrera como azulgrana. El Barça venció por 6-1 al Valladolid en un partido cómodo que le afianza en el liderato», destacaba la crónica del diario *EL PAÍS* en su sección de deportes. Bakero recibió la ovación del Camp Nou, que despedía como se merecía al gran capitán del Dream Team.

Josep Samitier

Uno de los jugadores más emblemáticos y carismáticos de la historia del Fútbol Club Barcelona y uno de los mitos imborrables de la institución. Fue el mejor delantero europeo de su tiempo y una pieza clave que lideró al Barça de la edad de oro en los años veinte. Samitier y sus compañeros hicieron que el campo del Carrer Indústria se quedara pequeño y que en 1922 se inaugurara el Camp de Les Corts.

Inició su carrera en el equipo local del Internacional de Sants. Con diecisiete años fichó por el Fútbol Club Barcelona a cambio de un traje con chaleco y un reloj con esfera luminosa. El 31 de mayo de 1919 jugó su primer partido con el equipo azulgrana. Fue un amistoso que le enfrentó en el campo del Carrer Indústria a una selección internacional formada por jugadores de los países aliados vencedores de la Primera Guerra Mundial (franceses, ingleses y belgas). Ese día, el entrenador inglés del equipo azulgrana, Jack Greenwell, alineó a nombres que les sonarán: Ricardo Zamora en la portería –llegó al Barça junto con Samitier–, Galicia, Coma, Rodríguez, Zabala, Samitier, Greenwell, Lakatos, Gracia, Sesúmaga y Costa. Fue el día en el que debutaron dos leyendas del fútbol, Ricardo Zamora y Samitier, que marcó el segundo gol del Barça al rematar un córner de manera espléndida. El debut oficial llegó el 26 de octubre de 1919, en la primera jornada del Campeonato de Catalunya, precisamente contra el Internacional de Sants. Ganó el Barça por uno a seis. Las hemerotecas de la época explican que los goles del Barcelona los entraron tres Alcántara, uno Torralba, otro Sancho y otro Martínez.

Su primera temporada (1919-20) fue el tráiler de lo que sería la gran carrera de Samitier en el Fútbol Club Barcelona. Los cronistas destacaban de que tenía una técnica impresionante, poco habitual para la época, además de una gran rapidez, magníficos saltos y enorme habilidad. Es cierto que empezó a jugar de centrocampista, e incluso extremo derecho, pero terminó siendo delantero centro, ya que tenía una gran facilidad para llegar al arco contrario. Según los datos del club, vistió la camiseta azulgrana quinientas cuatro veces –doscientas treinta y dos oficiales– y marcó trescientos sesenta y un goles –ciento ochenta y cuatro oficiales– entre 1919 y 1932. Su palmarés oficial con el Fútbol Club Barcelona es impresionante: campeón de la primera liga (1928-29) y cinco Copas de España. Además, con él en las filas del Barça, el equipo azulgrana ganó doce veces el Campeonato de Catalunya. «A menudo hacía un juego anárquico, muy marcado por la improvisación e, incluso, desconcertante, pero esto respondía a la concepción del fútbol espectáculo que tenía. Era un futbolista elástico –hecho que aprovechaba para deshacerse de los defensas rivales–, valiente, y su espíritu de liderazgo estaba presente dentro y fuera del campo», reza la página oficial del club. Forma parte del club de los jugadores que han vestido la camiseta del Barça y también la del Real Madrid. En 1932 dejó el equipo azulgrana por desavenencias económicas y en el Madrid se reencontró con Ricardo Zamora.

En su periodo en el club blanco ganó una liga y una Copa de España. A principios de 1936 escapó a Francia al comenzar la guerra civil española. En octubre de ese año se enroló en las filas del OGC Niza, donde nuevamente coincidió con Ricardo Zamora. En el club francés se retiró definitivamente como jugador, en 1939.

Fue uno de los jugadores más populares de su época. Su fama trascendió el terreno deportivo. Samitier fue muy amigo de Carlos Gardel. Tal y como desveló el periodista Sergio Levinsky en el digital *Infobae*, a Gardel le hicieron a mediados de los años veinte una entrevista en Barcelona, en *La Gaceta Deportiva*, donde confesó: «El fútbol no me interesaba. No comenzó a gustarme hasta que vi jugar al Barcelona en esta ciudad para mí tan simpática y agradable. Por la sincera y leal amistad que me une a Samitier, seguí al Barça en su correría por varias ciudades durante el Campeonato de España, que para mí fue un verdadero viacrucis. A pesar de los incidentes desagradables de la gira campeonil del Barcelona y de la derrota que el equipo olímpico argentino sufrió en el Campo de Les Corts –se refiere a la gira previa de la selección argentina, camino a Ámsterdam, en 1928, cuando iba a asistir a los Juegos, pero tuvo que suspenderlo por una gira en Italia–, jornada en la que, como es lógico, me sentí argentino y deseé el triunfo de los míos, me he aficionado al fútbol y, entre ustedes, me siento un barcelonista más».

A Samitier le llamaban «Hombre langosta» –por sus increíbles saltos– y «el Mago del balón» –por su infinidad de recursos y virtudes futbolísticas–. Un periodista catalán de la época, Josep Maria Lladó i Figueres, aseguró que este mote se lo puso Gardel cuando un día les dijo a unos amigos: «El domingo no se comprometan: iremos a la cancha a ver jugar al Mago del balón». Samitier llegó a protagonizar películas, como *Once pares de botas* y anuncios publicitarios. También representaba a la línea de automóviles Graham-Paige, y así fue como le consiguió a Gardel uno de los últimos modelos a precio ventajoso y este se lo llevó a Buenos Aires en el barco Conte Rosso, y al regresar, en 1928, lo trajo consigo. Fue al terminar ese viaje cuando el cantante argentino obsequió a su amigo barcelonés con el tango *¡Sami!*, que recuerda el paso de Samitier por tierras argentinas.

Cuando colgó las botas, Samitier siguió vinculado al fútbol; de hecho, volvió al Barcelona para hacer de entrenador entre 1944 y 1947. Con él en el banquillo, los azulgranas ganaron una liga, título que no conseguían desde 1929. Ya como secretario técnico del club –cargo que ocupó en los años 1947-1959 y

1962-1972–, fue el responsable del fichaje de Kubala, en 1950. Samitier fue una auténtica institución en el mundo del fútbol.

Falleció en 1972, a la edad de setenta años, y fue enterrado en el Cementiri de Les Corts de Barcelona. El 16 de septiembre de 1993 se le dio su nombre a una calle de las cercanías del Camp Nou.

José Ramón Alexanko

El domingo 8 de junio de 1980 el periódico *La Gaceta del Norte* publicaba la gran exclusiva: Alexanko, de 24 años y titular de la selección española y del Athletic de Bilbao, firma por el Barcelona por 100 millones. «Firmó en la noche del viernes, en el hotel donde se hospeda con los restantes Kubala's Boys, su nuevo contrato con el Barcelona, que había conseguido ya la anuencia de la junta directiva rojiblanca. Al parecer había un pacto de silencio entre las tres partes implicadas hasta la vuelta del jugador de la fase final de la Eurocopa, a celebrar esta próxima semana en Italia. Según nuestras noticias, el Athletic percibirá por el traspaso 100 millones ¡limpios! De pesetas. Al jugador le caerán 8 millones por año y ha firmado por cuatro. Aparte de primas y sueldos, claro. ¿Se limitará el club de San Mamés a sanear su economía con esos millones o buscará, por contra, reforzar su debilitada plantilla con algún fichaje donostiarra si vende la Real?». Lo cierto es que este defensa de Barakaldo ostentó el récord del traspaso más caro en la historia del fútbol español. Cien millones de pesetas eran seiscientos mil euros. «Yo tenía dudas, claro. ¡Irme del Athletic! Entonces no teníamos ni agentes ni nada. Lo hablé con Dani, con mi padre, con algunos amigos de edad. Le di muchas vueltas antes de decidirme. Me pagaban mucho mejor, claro, pero irse del Athletic no es fácil. Aquello es algo especial», confesó en 2018 al diario *EL PAÍS*.

Alexanko fue uno de los grandes capitanes del Barça. En las primeras temporadas que jugó en el primer equipo fue un futbolista indiscutible. Como destacan la mayoría de entrenadores que tuvo, era un defensa central que daba tranquilidad al resto del equipo. Estuvo en el Fútbol Club Barcelona trece temporadas, jugó quinientos dieciocho partidos y marcó cincuenta y ocho goles (oficiales y no oficiales). Uno de ellos, de los más recordados, fue en la final de la Copa del Rey, la temporada 1987-1988. Aquel uno a cero en el Santiago Bernabéu contra la Real Sociedad, gracias a un gol de Alexanko, propició que el conjunto blaugrana no faltara por primera vez a su cita con las competiciones europeas. Así lo contó *Mundo Deportivo* el 31 de marzo de 1988. «Minuto 61. Schuster lanza una falta sobre el área de la Real Sociedad, después de un auténtico *show* por culpa del gran número de naranjas que cayeron sobre el terreno de juego. Finalmente, el alemán templa el balón al interior del área, rechaza la defensa de la Real, Alexanko gana el balón de cabeza, por alto, y Lineker empalma un remate desde cerca que Arconada logra rechazar con una intervención prodigiosa, pero no puede impedir que el esférico quede muerto en el área pequeña para que Alexanko fusile a la red el gol». Al final, hubo triunfo: uno a cero. La crónica iba acompañada de un texto subrayando la actuación del capitán azulgrana. «Fue, sin lugar a dudas, la gran figura de la final. Su gol, que valió la Copa, casi bastaría para elegirlo como tal. Pero es que, además, Talín jugó un partido sencillamente magnífico en su puesto de siempre: el de líbero contundente atrás, rápido en el cruce, moviendo el balón con acierto. Alexanko tuvo incluso la ocasión del dos a cero cuando cabeceó perfectamente un balón que Arconada desvió en magistral intervención. En un Barça que ayer se lo jugaba todo en Madrid, fue la estrella. La victoria supuso una inyección de moral a un Barça que se movía entre el desastre y el milagro».

Ahora bien, esa misma temporada, un mes después de haber ganado el título, se produjo otro de los acontecimientos que forman parte de la historia del club: un órdago del vestuario al club. Alexanko fue el portavoz del llamado Motín del Hesperia, una rebelión de los futbolistas del vestuario azulgrana contra el presidente Josep Lluís Núñez. En un acto sin precedentes, el jueves 28 de abril de 1988, los jugadores del primer equipo citaban a los medios de comunicación en el Hotel Hesperia, propiedad del entonces vicepresidente Joan Gaspart. En la sala de conferencias había veintidós futbolistas. Solo faltaban Gary Lineker, Bernd Schuster y el canterano López-López, que estaba recuperándose de una operación. El punto de partida del desencuentro entre futbolistas y directiva fue económico. El Barça y los jugadores, por separado, fueron objeto de inspecciones fiscales. Hacienda quiso contrastar las diferencias existentes entre lo que declaraban los jugadores a Hacienda y los pagos que declaraba el club. Los ingresos de los futbolistas –no solo del Barça– no se correspondían con la realidad y no se aplicaban las retenciones correctas.

Según contó el diario EL PAÍS, «Josep Lluís Núñez había ideado un método para que los jugadores cobraran más y le costaran menos al club, dividir el contrato en dos partes: contrato federativo y por derechos de imagen; un 60 por ciento por lo primero, que tributaba al 53 por ciento, y un 40 por ciento por lo segundo, que tributaba a un 35 por ciento. Así se hicieron los contratos, y todo el mundo tan feliz». Números al margen, el problema fue que Hacienda empezó a hacer inspecciones fiscales y no permitió que los jugadores cobrasen su salario ordinario a través de los derechos de imagen, ya que estos tenían una retención mucho menor que por el rendimiento del trabajo –contrato federativo–, y por ello les reclamó el 53%. Los jugadores entendieron que el club debía hacerse cargo de las multas y de las cantidades que Hacienda reclamaba.

Tras meses de conversaciones, cerca del acuerdo definitivo, todo se rompió. Alexanko empezó a leer un duro comunicado donde acusaba al presidente Núñez de intentar dividirles y de haberles decepcionado y humillado, además de incumplir los compromisos pactados y de intentar enfrentar a la afición con ellos. Alexanko reveló que Núñez prometió a la plantilla que arreglaría «todos los problemas si se conseguía el título de Copa». El entrenador del equipo, Luis Aragonés, se solidarizó con los jugadores por sentirse plenamente identificado con sus reivindicaciones.

Los libros de historia culé hablan del Motín del Hesperia como la semilla del Dream Team, ya que, con la excusa de la rebelión, a final de temporada, muchos de los futbolistas no siguieron. El vasco se quedó en el club –según los cronistas especializados– a petición de Johan Cruyff. Como consecuencia de ello, el capitán pudo disfrutar de otra etapa, esta con momentos más dulces. Por ejemplo, la recuperación de la autoestima barcelonista en Europa. Había vivido en 1986 uno de los capítulos que más desánimo provocó en la afición barcelonista y que sumió a la institución en una enorme depresión: la derrota en los penaltis en la final de la Copa de Europa de Sevilla del 7 de mayo de 1986 contra el Steaua de Bucarest, una página negra en la historia del barcelonismo, un partido gris y sin alma contra un rival *a priori* asequible. Lo peor: ningún gol marcado en la ronda de lanzamientos desde los once metros. El portero rumano, Duckadam, fue un héroe inesperado y paró los cuatro. La gloria que el destino le negó en Sevilla a Alexanko y al Fútbol Club Barcelona se la concedió, a pesar de ser un jugador con menos peso en el equipo de Cruyff, seis años después en la final de Wembley. El *big bang* futbolístico. Era el capitán del Dream Team, aunque su papel era mucho más secundario que en sus inicios. Aun así, en aquella final contra la Sampdoria de 1992 –que también tuvo prórroga– Alexanko fue un jugador de refresco que entró tras el gol de Ronald Koeman, uno de los goles más importantes del Barça, sustituyendo a Pep Guardiola y acabó levantando la Copa de Europa, la primera del club. Fue un antes y un después en la historia del Fútbol Club Barcelona.

Al capítulo de recuerdos futbolísticos de Alexanko en el Barça hay que sumarle un obsequio musical: después de ganar la primera liga con Johan Cruyff en el banquillo, diversos jugadores del Dream Team participaron en la canción *Aquest any, sí!*, una especie de rap donde cantaban seis de los integrantes de la plantilla: Ronald Koeman, Txiki Begiristain, Michael Laudrup, Eusebio Sacristán, José Mari Bakero y él mismo.

Alexanko dejó el Barça en el año 1993 y se quedó dentro de la secretaría técnica cuatro años más. En el año 2005 fue nombrado director del fútbol base de la entidad hasta 2010, cuando acabó el mandato de Joan Laporta. En marzo de 2021, con la nueva victoria de Laporta, recuperó su cargo de director del fútbol base, que todavía ostenta en la actualidad.

Ladislao Kubala

Kubala es uno de los mejores jugadores de la historia y símbolo del Fútbol Club Barcelona. Es el responsable indirecto de la construcción del Camp Nou, ya que, con su fútbol de fantasía y sus compañeros del mítico equipo de las Cinco Copas, dejó pequeña a la que los historiadores especializados en la historia azulgrana llaman «la bombonera de Les Corts», y prácticamente obligó a que en 1957 la directiva barcelonista construyera un gran estadio para cien mil espectadores. La llegada de Kubala dejó pequeña la capacidad de cuarenta y cinco mil espectadores del antiguo estadio y llevó al entonces presidente del club, Agustín Montal, a comprar unos terrenos junto a L'Hospitalet de Llobregat, en los que se construyó el nuevo estadio. El Camp Nou se inauguró el 24 de septiembre de 1957. Eso lo consiguió en apenas siete años, en los que Kubala, dotado de gran técnica individual y una magnífica capacidad goleadora, ofreció un nuevo estilo de fútbol, lleno de recursos, belleza y espectáculo. Laszy, como le conocían cariñosamente sus compañeros y amigos, huyó de Hungría en 1948 y, sin tener la autorización de la FIFA para jugar partidos oficiales, al negarse el Vasas Budapest a concederle la baja, acabó en el Barça.

Kubala firmó su primer contrato con el Barcelona el 15 de junio de 1950 solo para jugar encuentros amistosos. Destacó por su rápido y hábil regate, su serenidad y poderoso remate. Las crónicas de la época hablan de dos exhibiciones firmadas contra el Osasuna –cuatro a cero– y el Frankfurt –diez a cuatro–. Ya no había dudas: Kubala era una figura que no se podía

dejar escapar, por lo que Josep Samitier, entonces secretario técnico del club, movió cielo y tierra, con el apoyo de la Federación Española, para conseguir la contratación oficial del jugador. La nacionalización como español de Kubala en 1951 supuso una presión añadida para que la FIFA claudicara y le concediera la autorización para jugar en el Barcelona.

Su debut oficial se produjo el 29 de abril de 1951 en la Copa del Generalísimo contra el Sevilla, en Nervión, con victoria del Barcelona por cero a dos y posterior tres a cero en la vuelta, donde Kubala marcó de penalti su primer gol oficial. «A estas horas, en estas tascas de la calle de Sierpes, donde junto a las viejas fotos de los toreros de postín se alinean las de aquellos jugadores que pusieron una piedra en la inolvidable historia del preciosista fútbol sevillano, no se habla de otra cosa que de las maravillas que Kubala ha realizado en esta tarde de su debut español en competiciones oficiales. La primera fue –tras haber pasado oscuramente los primeros cinco minutos del partido, en los que, en realidad, buscó su sitio en el campo y su temple en los nervios– un gol magnífico, inexplicablemente anulado por el árbitro», resumía así lo ocurrido *Mundo Deportivo* en la edición del día 30. Y la crónica detallaba lo que fue un «auténtico recital de Kubala, una demostración de extraordinario virtuosismo doblado con una eficacia ante el que había de emborracharse el buen público sevillano, amante como pocos de la filigrana y del dominio del balón. El recital tuvo su auténtico do de pecho cuando, en las postrimerías del encuentro, se permitió el lujo de retener, casi medio minuto, el balón en un espacio inverosímil de terreno, junto a un córner, burlando a los defensas sevillistas, que un tanto enfurecidos entraban con aviesas intenciones a este fenómeno que los ridiculizaba. Esto era solo el principio, los mimbres de lo que estaba por venir, pero que ya enseñó en su primer partido».

El primer título de Kubala no tardó en llegar, ya que el Barcelona ganó la final de Copa, disputada en Chamartín, tras derrotar a la Real Sociedad por tres goles a cero. Parecía que Kubala podía batir todos los récords. Logró siete goles en un partido de liga –nueve a cero frente al Sporting de Gijón en la temporada 1951-1952–, algo que nadie ha podido ni siquiera igualar, y lideró al mejor Barcelona de la historia, aquel famoso equipo de las Cinco Copas que entrenaba el eslovaco Ferdinand Daucik. En esa temporada 1951-1952 el Barcelona –como todos los lectores ya sabrán a estas alturas– estuvo imparable. Ganó cinco títulos: la liga, la Copa del Generalísimo, la Copa Latina (precedente de la Copa de Europa), la Copa Duarte y la Copa Martini & Rossi. Marcó, según las estadísticas, doscientos ochenta goles en trescientos cuarenta y cinco partidos disputados. En 1958 formó parte de otro equipo legendario, que incluía también a sus compatriotas y compañeros de selección Zoltán Czibor y Sándor Kocsis –refugiados húngaros en España–, Ramallets, Luis Suárez y Evaristo, ganando la primera Copa de Ferias de 1958 con un equipo magnífico, una Copa de España y la liga en 1959 y una liga y una Copa de Ferias en 1960.

Después de su retirada como jugador, continuó ligado al equipo técnico del Barça como director de la Escuela de Futbolistas y entrenador del primer equipo en la temporada 1962-1963, en una primera etapa que, después de diversas experiencias en otros banquillos, repitió en 1980. También fue el presidente de la Agrupación de Veteranos (1990-1999).

Cuando Kubala murió, a los setenta y cuatro años, el 17 de mayo de 2002, su amigo íntimo y excompañero Gustau Biosca le escribió a modo de despedida una carta titulada «Te has ido tú antes, Laszy» en el diario *EL PAÍS* el 18 de mayo de 2002. «Leí una vez una frase que decía: nadie muere mientras no se le olvida. Y eso me reconforta, porque sé que Kubala seguirá en mi pensamiento y en el de muchas personas a lo largo de los años. Sí, es cierto, se ha marchado. Pero morir no morirá nunca. Los recuerdos del pasado se hacen ahora más lúcidos que nunca. Todo lo bueno de él surgía de pronto cuando alguien le ponía un balón en los pies. Entonces se le veía feliz».

Kubala pasará a la historia por ser uno de los futbolistas emblemáticos de la década de los años cincuenta y también porque fue el único futbolista del mundo que, a lo largo de su carrera deportiva, defendió los colores de tres selecciones nacionales: Hungría, Checoslovaquia y España.

Lamine Yamal

Quince años, nueve meses y dieciséis días. Esa era la edad que tenía Lamine Yamal Nasraoui Ebana cuando debutó con el primer equipo azulgrana el 29 de abril de 2023 en un Barça-Betis de la trigesimosegunda jornada de la Liga con el dorsal 41 en la espalda. Saltó al césped del Camp Nou para jugar los últimos siete minutos del partido, sustituyendo a su compañero Gavi, y se convirtió en aquel momento en el jugador más joven de la historia del club en debutar con el primer equipo. Y seguramente en algo más. Cerrad los ojos y pensad qué estabais haciendo vosotros a su edad.

Lamine Yamal juega al fútbol como si no existiera el futuro. Aprovecha el presente como lo vive un adolescente, tal vez porque él lo es. Ser menor de edad y debutar con un primer equipo de fútbol de élite debería ser extraordinario, pero en el club azulgrana hay una generación dorada (Pau Cubarsí o Marc Bernal son otros ejemplos) que sin complejos ha ido demostrando con sus actuaciones que ha llegado para marcar una época. Son jóvenes en edad de cambio y crecimiento, pero que asumen responsabilidades laborales sin haber llegado a la madurez personal con un talento extraordinario y un futuro por escribir, pero sobre todo con un presente ya brillante. Como si fuera un elegido, antes de cumplir siquiera los diecisiete años, Yamal ha quemado etapas muy rápidamente. «La presión es algo que te generas tú solo, porque al final, cuando estás disfrutando, no la sientes. Esta viene cuando empiezas a jugar mal y tú mismo te la generas», sentenciaba el joven el 5 de abril del 2024, solo un año después de debutar,

en una entrevista concedida a *Mundo Deportivo*. Disfrutar forma parte de la identidad del futbolista.

Zurdo, con una técnica exquisita y mejor regate, Lamine Yamal es rápido, tiene gol y sortea a diario las comparaciones con Leo Messi con la misma facilidad con la que dribla rivales en el campo. «A nadie le molesta que le comparen con el mejor jugador de la historia, pero son cosas que restan, porque nunca serás como él», decía el 12 de julio de 2024 en el canal de Twitch de Jijantes. Es consciente de que lleva a lomos la sombra del argentino y que esta le persigue, aunque sea de forma involuntaria. Siempre ha confesado querer convertirse en una leyenda del Barça como Carles Puyol, Andrés Iniesta o Xavi Hernández, precisamente el entrenador que le hizo debutar y con el que durante la temporada 2023-24 jugó cincuenta partidos, marcando hasta siete goles oficiales.

La irrupción de Lamine Yamal en el Barça también supone un peldaño más allá de lo futbolístico. Nació en Esplugues de Llobregat en 2007, su padre es marroquí y su madre ecuatoguineana, se crio en el municipio de Mataró y su vida está muy ligada al barrio de Rocafonda. De hecho, así la recuerda siempre que marca un gol: suele dibujar un 304 con sus dedos en alusión al código postal de esta barriada, en la que todavía ahora vive buena parte de su familia, para hacer un guiño a sus colegas, con los que empezó a jugar al fútbol. «Para nosotros es una alegría que un niño del barrio haya llegado hasta aquí, es un ejemplo», comentaban los vecinos en un extraordinario reportaje de Catalunya Ràdio sobre la realidad social del barrio. Como escribía la revista *GQ* en junio de 2024: «El triunfo de un jugador como Lamine Yamal trasciende, en cierto modo, el mero éxito individual para elevarse también a la categoría de simbólico: el ascenso de los hijos de aquella primera oleada de inmigrantes que vinieron a nuestro país a deslomarse para tener una vida mejor y ofrecérsela a sus familias».

Se incorporó al Fútbol Club Barcelona con solo siete años,

procedente del CF La Torreta. La página web del club dedica un espacio a todas las proezas precoces logradas por este joven futbolista: «Se convierte en el titular más joven de la historia de la Champions, en el goleador más joven de la historia de la Liga, en el futbolista más joven al disputar un clásico contra el Real Madrid, en el debutante y goleador más joven de la historia de la Supercopa de España, en el goleador más joven en la Copa del Rey en todo el siglo XXI y en el culé más joven en alcanzar la cincuentena de partidos oficiales».

No ha cumplido la mayoría de edad, pero su trayectoria avanza imparable a toda velocidad hacia la gloria culé. La historia de Lamine Yamal es azulgrana, pero todavía está en blanco. Un lienzo por pintar. Otro gran campeón de esta fábrica de talento inacabable que es la Masía.

Leo Messi

Lionel Messi, conocido como «Leo», convirtió lo extraordinario en habitual. Era el apóstol de lo insólito, capaz de reinventarse y sorprender al aficionado del Barcelona cada tres días. Y, mientras lo paladeaban, no sabían cuánto le echarían de menos. La nostalgia que invade al aficionado culé cada vez que pronuncia su apellido podría llenar libros de autoayuda. Leo Messi ha sido tantas veces principio y final de todo para muchos culés que quizá hoy no son conscientes de lo que aportó al club. Se fue del primer equipo, pero sin marcharse para siempre. Y no solo fue fútbol. Messi era una manera de vivir, de sufrir, de celebrar. Beberse a Messi a cada regate, a cada pase, a cada gol, a cada jugada, sabiendo que algún día los aficionados culés sufrirían la eternidad de su ausencia.

No se puede entender la llegada de Messi al Fútbol Club Barcelona sin el famoso asunto de la servilleta de papel. Corría el año 2000, Messi estaba a prueba en el Barcelona, lo habían traído desde Rosario, pero nadie le daba una respuesta sobre si el club lo quería retener. Pasaban los días, las semanas, los meses y en el Barça nadie se acababa de pronunciar. La situación se estancaba y un buen día Horacio Gaggioli convocó a Charly Rexach a una comida en el club de tenis Pompeia de Barcelona. A este encuentro se incorporó también el representante de jugadores Josep Maria Minguella, a la hora de los cafés, y durante la conversación la operación llegó a un momento en que estuvo a punto de estropearse. Gaggioli y Minguella presionaron a fondo para convencer a Charly de firmar, en una servilleta de papel de la cafetería, un documento

de compromiso: «En mi condición de director técnico del Fútbol Club Barcelona me comprometo a contratar para nuestro club y con las condiciones económicas pactadas al jugador Leo Messi», un peculiar contrato en una simple servilleta de papel que permitió al Barça firmar un contrato con el que, con el tiempo, se convertiría en el mejor futbolista del mundo. La servilleta fue subastada el 17 de mayo en Londres por unos ochocientos noventa mil euros.

En el Barcelona, Messi fue una apisonadora. Y una trituradora. De rivales y récords. Cuando empezó a jugar partidos en las categorías inferiores llamaba la atención de todos los técnicos y empezó a llamar a la puerta del primer equipo. El 16 de noviembre de 2003 Leo Messi, con dieciséis años, debutó oficiosamente con el primer equipo, en un amistoso del conjunto entrenado por Frank Rijkaard contra el Porto que servía para inaugurar el Estádio do Dragão. Y más tarde llegó el día que todos los culés se saben de memoria, el día del debut oficial de Messi con el primer equipo. El 16 de octubre de 2004 el *crack* argentino jugó contra el Espanyol, iniciando una era histórica para el Barcelona. «Entonces, con el dorsal treinta, entró desde el banquillo en sustitución de Deco, autor del gol del triunfo culé. Era el minuto ochenta y dos y, con diecisiete años, tres meses y veintidós días, el de Rosario firmaba su primera presencia oficial con la elástica azulgrana», explica el club en su página web.

El 1 de mayo de 2005 el entrenador Frank Rijkaard lo hizo debutar en un partido de liga, en el Camp Nou y ante el Albacete. Leo Messi anotó su primer gol como azulgrana. Fue el único oficial de los que anotó ese curso con el primer equipo. Aún compartía ficha con el filial, como desvelaba el dorsal que lució en su estreno. Valbuena, el portero del Albacete, rememoraba en una entrevista con *TyC Sports*: «Dio la casualidad de que ese día me llevé el balón y lo tengo firmado por toda la plantilla del Albacete. Le dije al que estaba de delegado de campo que me lo llevaba porque había hecho un buen partido y era un recuerdo. Ahora es la pelota del primer gol de Messi»..

Aquel verano, en el inicio de la nueva temporada, Leo Messi dejó también destellos de su clase en el Trofeo Joan Gamper de agosto de 2005 contra la Juventus. El Barcelona tenía por entonces un verdadero equipazo: Ronaldinho, Deco, Eto'o... Y en la Juventus jugaban Del Piero, Ibrahimovic, Vieira... Pero la ovación de aquella tarde fue para Messi, de dieciocho años, que fue sustituido antes del final del partido. Fue tan buena su actuación que el diario *EL PAÍS* publicó: «Rijkaard tendrá un problema muy serio, porque sería un crimen que Messi no tuviera sitio en su equipo». Tuvo sitio en el equipo, aunque en aquella época el líder sobre el césped era Ronaldinho y Messi solo empezaba a enseñar pequeñas muestras de lo que sería capaz de hacer.

Ganó su primera Champions en 2006, todavía con un papel secundario, pero consciente de que lo mejor estaba por llegar. Entre sus gestas futbolísticas cabe destacar la del 18 de abril de 2007, cuando Messi –con diecinueve años– se vistió de su ídolo Diego Armando Maradona. Era el minuto veintinueve de la ida de semifinales de la Copa del Rey entre Barça y Getafe cuando Leo Messi marcó uno de los goles más icónicos de la historia del fútbol, seguramente el más recordado de los más de mil que acumula el genio argentino en su carrera. Ante la atónita mirada de 53 599 espectadores, Leo regateó a seis rivales, emuló la obra de arte de Maradona en el Mundial de México de 1986 e hizo enloquecer al periodista Joaquim Maria Puyal con su famoso «*encara Messi, encara Messi, encara Messi*» en la narración del gol. Después del partido le dio las gracias a Xavi por la asistencia, como si este le hubiera servido el remate en bandeja.

La llegada de Pep Guardiola otorgó a Messi el margen de confianza y libertad que necesitaba para acabar explotando. Enfundado ya en su dorsal más reconocible, el icónico diez, a nivel goleador, Messi vivió de doblete en doblete. El prime-ro, ante el Sporting, y también contra el Shakhtar Donetsk en la Champions. Marcó dos goles en Sevilla, contra el Numancia y ante el Racing de Santander, a pesar de disputar solo treinta y dos minutos. El último de estos goles fue el cinco mil de la his-toria de la liga. En Champions encarriló el pase a semifinales marcándole dos al Bayern de Múnich y de vuelta a la liga sen-tenció el campeonato con otro doblete en un partido de leyen-da: el dos a seis en el Bernabéu. Hasta el triplete final de aque-lla temporada 2008-2009 para la historia.

Leo Messi confesó en 2019 que el gol en la final de Cham-pions de Roma, el 27 de mayo de 2009, contra el Manchester United, es el favorito de su carrera. El argentino saltó para rematar de cabeza un centro milimétrico de Xavi. Era el dos a cero que certificaba la tercera Champions de la historia del Barça. Y después del triplete vino el sextete: seis títulos conseguidos. En una entrevista concedida al diario *EL PAÍS* en el año 2012 dijo: «Lo mejor de este equipo es que vamos a buscar los partidos sea donde sea y de la misma manera desde hace cinco años; que tenemos la pelota casi todos ellos, que es nuestra. Y, por encima de todo, lo mejor de este equipo es la ambición y las ganas que tiene de seguir consiguiendo cosas. Después de todo lo ganado, pierdes un partido en los entre-namientos y te calientas. Eso es lo mejor: nuestra ambición. Pep marcó el camino y en él seguimos. Él fue quien nos hizo jugar con las ganas de llevar la iniciativa, de ir siempre a por el gol. Nos dio la actitud, el convencimiento de que íbamos a ganar. Fue espectacular. Más allá de lo que sabe como técnico, de que era un fenómeno por cómo analizaba los partidos y los preparaba. No creo que vaya a ver otro entrenador como él». Con Guardiola ganó dos Champions: la de Roma, en 2009, y la de Wembley, en 2011, con una absoluta oda al fútbol moderno contra el Manchester United. Antes, en semifinales, había conquistado el Bernabéu marcando un gol antológico en la ida de las semifinales, con un *slalom* desde el centro del campo, superando a cuatro rivales hasta batir a Iker Casillas con un remate cruzado.

Faltan páginas para escribir todo lo que necesita ser recordado de Messi. Y sobran agujetas en la mandíbula de tanta sonrisa nostálgica. Guardiola se fue y vinieron otros entrenadores que intentaron aprovechar y aprovecharse del talento de Messi para seguir haciendo del Barça un equipo campeón. Con Luis Enrique, en la temporada 2014-2015, el Barça vivió instalado en Messi, Suárez y Neymar. Volvió a ganar la Champions y el triplete y consiguió de nuevo lo que parecía que ya había conseguido. Era el Barça de Messi. Los ciclos se cerraban, pero Messi seguía. Cuando los equipos no tenían el engranaje necesario, el talento de Messi lo desencallaba.

Los peores recuerdos de Messi son las derrotas en Europa: la goleada dos a ocho contra el Bayern de Múnich, la remontada del Liverpool... Y con ellas la sensación de que el paso del tiempo, el conformismo, podía apoderarse de un vestuario acostumbrado a ganarlo todo y que iba perdiendo jugadores emblemáticos. Se fue Iniesta, se fue Xavi, se fue Piqué y quedaba él, Messi, que a pesar de algunos naufragios colectivos cabalgaba a lomos de la historia del fútbol y siempre a ritmo de récords estratosféricos.

Es el máximo goleador de la historia del Barcelona y es el único jugador en la historia que en una misma temporada (2009-2010) ha ganado Balón de Oro, FIFA World Player, Trofeo Pichichi y Bota de Oro. Es el máximo goleador en una edición de la liga: marcó cincuenta goles en la liga de 2011-2012. Es el futbolista que ha marcado a más equipos diferentes en la liga: treinta y ocho rivales diferentes en la primera división. Es el jugador con más partidos consecutivos –veintiuno– marcando al menos un gol en primera división. Es el único jugador en la historia que ha ganado tres Botas de Oro consecutivas. Fue el jugador más joven –a los veintitrés– de la historia del fútbol en conquistar quince títulos a nivel de clubes. Es el único jugador que ha conseguido cuatro Balones de Oro consecutivos (en 2009, 2010, 2011 y 2012) y el que más ha ganado: un total de ocho. Es el máximo goleador mundial en un solo club, el máximo goleador no europeo de la historia de la Champions y el máximo goleador absoluto en un año natural. Marcó noventa y un goles oficiales en 2012. Con el Barça, setenta y nueve –cincuenta y nueve en la liga, trece en la Champions, cinco en la Copa del Rey y dos en la Supercopa– y, con la selección argentina, doce. Además, anotó otros cinco en amistosos con el Barça, que elevan la cifra hasta un total de noventa y seis goles. Fue el jugador más joven en marcar cien goles en partidos oficiales. Alcanzó la cifra el 16 de enero de 2010, cuando tenía veintidós años.

Las suyas fueron diecisiete temporadas de rendimiento extraordinario: una permanencia en la primera plantilla barcelonista solo al alcance de los elegidos. Setecientos setenta y ocho partidos, seiscientos setenta y dos goles y trescientas cinco asistencias. El palmarés: cuatro Champions League, tres Supercopas de Europa, tres Mundiales de Clubes, diez ligas, siete Copas del Rey y ocho Supercopas de España; treinta y cinco títulos.

Hubo muchos Leo Messi a lo largo de todo este tiempo: el Messi que driblaba, el Messi que daba asistencias, el Messi goleador, el Messi centrocampista, el Messi que presionaba en la salida de balón y el que no… Un sinfín de Leo Messis para el recuerdo. Todos los barcelonistas guardan un recuerdo imborrable de él.

El 5 de agosto de 2021, cuando se anunció que el argentino no continuaría en el club de su vida, se abrió una herida. «Las dos partes lamentan profundamente que finalmente no se puedan cumplir los deseos tanto del jugador como del club. El Barça quiere agradecer de todo corazón la aportación del jugador al engrandecimiento de la institución y le desea lo mejor en su vida personal y profesional», decía el FC Barcelona en un comunicado. Según el club, a pesar de haber llegado a un acuerdo y con la intención de firmar un nuevo contrato, no se podría formalizar debido a obstáculos económicos y estructurales. El 8 de agosto de ese mismo año Messi dijo entre sollozos: «He hecho todo lo posible; el Barça, no sé. Me bajé el cincuenta por ciento de la ficha y no se me pidió nada más. Todo estaba hecho y arreglado, pero no se ha dado por la liga; estaba convencido de que me quedaba». Lo expresó entre lágrimas en el Auditori 1899 del Camp Nou.

Lolita Ortiz

Una de las pioneras. Jugó el primer partido de fútbol femenino del Barcelona, el 25 de diciembre de 1970, en el Camp Nou gracias a una iniciativa de la jugadora Immaculada Cabecerán. Un día inolvidable. Se enfrentaban en el estadio azulgrana el Barça Femenino –con el provisional nombre de Selección Ciudad de Barcelona– y la Unió Esportiva Centelles. En declaraciones a la prensa de la época Lolita aseguró: «Si ellas, nuestras adversarias, son las Centellas, nosotros seremos los truenos». «Pues habrá tormenta», añadió el periodista después de este juego de palabras. Jugaron con camiseta blanca y pantalón azul cuando querían hacerlo de azulgrana. «No pudo ser, pero sí logramos que las medias fueran las del Barça. ¿Las botas? Eran nuestras». Lolita salió en la foto del once inicial del encuentro junto a sus compañeras Carme Nieto, Alicia Estivill y Núria Llansà, entre otras, posando con su hija pequeña Arantxa en brazos.

Sus extraordinarios *driblings* hicieron de ella una de las jugadoras más destacadas del partido, provocando la admiración del público del Camp Nou. El día del partido, en el momento de pisar el césped, Lolita recuerda que, a medida que iba subiendo las escaleras de acceso al terreno de juego, «el estadio se iba haciendo mayor, y mayor..., y yo pequeña, pequeña. Había unas sesenta mil personas en el Camp Nou. En aquel momento sabía que recordaría por siempre ese momento», apuntó en un reportaje del diario *Sport*. A partir de entonces, su gran valía y también su carácter hicieron que en junio de 1971 el entrenador Antoni Ramallets la nombrara capitana del equipo tras la retirada de la fundadora y organizadora del primer partido, Immaculada Cabecerán. En febrero de 1971 la Selección Ciudad de Barcelona cambió su nombre por el de Peña Femenina Barcelonista y recibió apoyo material y económico por parte del FC Barcelona, aunque continuó sin depender orgánicamente del club. Con todo, gracias a este cambio aquellas futbolistas ya pudieron llevar la camiseta azulgrana, pero sin lucir aún el escudo de la entidad.

Lolita Ortiz jugó en la Peña Femenina Barcelonista –nombre original del Barça Femenino– desde el año 1970 y hasta 1981. Ocupaba la posición de delantera centro y extremo derecha. Era una jugadora pequeña pero valiente: no le importaba ir al choque contra la jugadora contraria. En aquellos tiempos heroicos del femenino, las jugadoras entrenaban en la zona deportiva del Camp Nou los martes y jueves por la mañana. En aquellos tiempos de estricto amateurismo, por las tardes Lolita se convertía en recepcionista en la consulta de un médico.

Después del debut vinieron más partidos, entre ellos un amistoso el 2 de enero de 1971 en Calella y el primer desplazamiento fuera de Cataluña para jugar el Trofeo Copa Fuengirola Costa del Sol en el campo del Levante contra el Racing de Valencia, el 31 de enero.

En 1981 Lolita Ortiz tuvo que retirarse de la práctica del fútbol por culpa de una grave lesión en la rodilla –rotura de menisco y ligamento cruzado anterior–. El doctor José González Adrio le dijo que no hacía falta que se operara porque no vivía del fútbol y podría llevar una vida normal después de colgar las botas. Hacía pocos meses que el fútbol femenino había quedado oficialmente incluido dentro de la Federación Española de Fútbol. Sea como fuere, quedaba atrás una larga historia de incomprensiones y penurias causadas por un contexto institucional y social que no entendía el deseo de la mujer de participar activamente en el mundo del fútbol, tradicionalmente masculino.

Desde los difíciles comienzos hasta ahora, el Barça ha seguido creyendo y apostando por el equipo femenino, prueba de ellos son los títulos y la popularidad que ha conseguido en los últimos años.

En una entrevista concedida a Barcelona Televisión el 27 de marzo de 2024 Lolita Ortiz explicó que los éxitos conseguidos en los últimos años por el equipo de Aitana Bonmatí, Alexia Putellas, Mariona Caldentey, Fridolina Rolfö, Caroline Graham Hansen y compañía los viven como si fueran de ellas mismas y de sus empresas. «Nunca me habría imaginado que hoy en día estarían haciendo historia y serían consideradas uno de los mejores equipos del mundo». En la conversación también explicaba que no se pierde ningún partido del Barça, acude al Johan Cruyff siempre que puede y disfruta del juego que despliegan las azulgranas. Y ella siempre ha sido consciente de que forma parte del éxito colectivo: «Nosotras plantamos la semilla y ellas la han hecho crecer», contaba con los ojos brillantes.

Luis Suárez Díaz

«De nota me pongo un doce, por las expectativas con las que llegué, que no eran tantas al estar Leo Messi y Neymar. Se decía que tres gallos en un gallinero no podrían convivir y demostramos que pudimos rendir, con el rol de cada uno, pero llevando a ese Barça a ser el mejor de la historia esos años. Estoy orgulloso de la carrera que hice. Fui cumpliendo con las expectativas. Al final de esa etapa, uno, obviamente, bajó el nivel, pero aun así tuve la tranquilidad de superar siempre los veinticinco goles por temporada», así valoraba Luis Alberto Suárez Díaz, en una entrevista concedida al diario *Marca* en 2022, su paso por el Barça. Los registros goleadores de este delantero uruguayo superaron las grandes expectativas que su fichaje generó en el verano de 2014, después de haber sido jugador en clubes como el Liverpool o el Ajax.

Durante su etapa de azulgrana, el uruguayo consiguió una Bota de Oro, una Champions y se convirtió en el tercer máximo goleador oficial de la historia del club, por detrás de César Rodríguez y Leo Messi. Luis Suárez es uno de los mejores delanteros que ha pasado por el Fútbol Club Barcelona; al menos en lo que respecta a los números. De hecho, la tripleta atacante que formó junto a Neymar y Messi, conocida como la MSN, durante tres temporadas a las órdenes de Luis Enrique dejó registros goleadores inigualables. Sus goles fueron siempre determinantes para el equipo y para conseguir títulos, sobre todo en los partidos de la Champions League de la temporada 2014-2015, la que el Barcelona terminó levantando en Berlín y hasta este momento la última conseguida por el club, la quinta

en el palmarés total del Fútbol Club Barcelona, y después de una temporada en la que también se consiguió el triplete ganando la liga y la Copa del Rey. Fue un año especialmente glorioso para la MSN. En Europa quedan en el recuerdo todas sus actuaciones, como la del Parque de los Príncipes, de París, donde Luis Suárez marcó un doblete espectacular contra el PSG: «Suárez fue el autor del cero a dos, a los sesenta y siete minutos, después de recibir de Montoya por el flanco derecho y encarar el marco parisino en un eslalon para el recuerdo: se fue primero de David Luiz, después, de Marquinhos y, finalmente, de Maxwell. La jugada la terminó con un disparo con la derecha que Sirigu, pese a tocar con la mano izquierda, no pudo impedir que el balón acabara alojándose en su red», explicaba el diario *Sport* en su crónica. «También fue el autor del cero a tres a los setenta y nueve minutos y, como el segundo, después de una jugada en la que aunó talento y fuerza. Recibió de Mascherano, se deshizo de David Luiz con un túnel y se plantó ante el portero para superarlo, también con la derecha, por alto. Otro golazo».

Luis Suárez destrozaba defensas, perforaba redes y rompía registros anotadores. La temporada 2015-2016 logró el Trofeo Pichichi como máximo goleador de la liga española, con cuarenta goles, superando a Leo Messi y Cristiano Ronaldo. Y también consiguió la Bota de Oro como máximo goleador europeo, la segunda en su carrera después de ganarla en la temporada 2013-2014 con el Liverpool. Cuarenta goles en solo treinta y cinco partidos, una media de más de una diana por encuentro. Unos registros espectaculares donde, además, hay que añadir que marcó ocho en la Liga de Campeones, cinco en la Copa del Rey, cinco en el Mundial de Clubes y uno en la Supercopa de Europa. En total, cincuenta y nueve goles en cincuenta y tres partidos. Brutal. Esa temporada, el 20 de abril de 2016, Luis Suárez, también conocido como «el Pistolero», anotaba cuatro goles y repartía tres asistencias en Riazor, en la victoria por cero a ocho ante el Deportivo de la Coruña; otra noche mágica para el uruguayo.

En la temporada 2019-2020 Luis Suárez marcó en el Camp Nou contra el Mallorca un gol que él mismo clasificó como el más bonito de su carrera: «Es el mejor gol de mi vida. Sabía que era un ángulo estrecho y la última opción que tenía era golpearlo con el talón. Intentaba hacerlo bien porque tenía muy pocas ocasiones contra el portero». Sí, el uruguayo marcó un espectacular gol de tacón superando al portero del Mallorca. El partido acabó cinco a dos.

A pesar del paso del tiempo, Luis Suárez no perdía su instinto goleador. En 2021, en una entrevista concedida al diario *Sport*, contaba: «Siempre digo que el Barça me ha mejorado mucho como jugador, a nivel disciplinario, táctico, a ser más inteligente, a moverme en el espacio que necesito moverme, pero también me ha hecho perder cosas. En el Liverpool o Uruguay me la tiraban larga, peleaba para dejarla con el defensa..., cosas que ahora no puedo utilizar».

En la temporada 2017-2018 marcó uno de los doce *hat-tricks* que hizo mientras estuvo en el Barça. El uruguayo marcó tres goles en el cinco a uno que el conjunto culé le endosó el 27 de octubre de 2018 al Real Madrid de Julen Lopetegui en partido de liga. El primero, de penalti; el segundo, de cabeza, y el tercero con una definición excelsa por encima de Thibaut Courtois, que significó el cuatro a uno parcial. Así, como él confesó al final del partido, marcó un tanto por cada hijo.

Al margen de los títulos y logros individuales, también hay que subrayar los colectivos durante sus seis años en el Barça. Trece títulos: una Champions League, cuatro ligas, cuatro Copas del Rey, un Mundial de Clubes (2015-2016), una Supercopa de Europa y dos Supercopas de España. Su salida en 2020, con Ronald Koeman en el banquillo, no fue la deseada. Ese año fue traspasado al Atlético de Madrid: «El Barcelona necesitaba cambios, eso lo acepto, pero me molestaron las formas. Siempre he tratado de estar a la altura del club, de dar lo mejor de mí. No es fácil pasar seis años en el Barcelona y estar al nivel que yo estuve. Creo que merecía un cierto respeto en la manera de decirme que ya no me querían. Con mi orgullo, me dije que quería demostrar que sigo valiendo», afirmó en una entrevista el 21 de febrero de 2021 en la revista *France Football*. El uruguayo no entendió la decisión de Koeman y la junta directiva. «Me molestó que me dijeran que era viejo y que ya no podía jugar al más alto nivel, estar a la altura de un gran equipo. Eso me disgustó. Si no hubiera hecho nada en un club como el Barça durante tres o cuatro años, lo habría entendido, pero cada año metía más de veinte goles. Siempre tuve buenas estadísticas, por detrás de Leo».

Marià Gonzalvo,
«Gonzalvo III»

Marià Gonzalvo fue el tercero –el pequeño– de una saga de hermanos futbolistas. Tras Julio y José, jugó en el Barcelona desde 1941 hasta 1956. Fue un interior derecha y un medio volante de un talento excepcional. Empezó a jugar al fútbol en su Mollet del Vallès natal. De ahí saltó al Club Esportiu Europa y esa misma temporada, la de 1940-1941, la acabó en el Barcelona de aficionados. Según los cronistas del momento, Marià Gonzalvo lo tenía todo: elegancia, fuerza e inteligencia sobre el terreno de juego. La temporada 1941-1942 la jugó cedido en el Zaragoza, donde también jugarían sus otros dos hermanos, debido al origen aragonés de sus padres.

En el Barcelona marcó toda una época. Destacó por su juego en el centro del campo, especialmente porque podía ocupar cualquier puesto en la zona, tanto a la derecha como a la izquierda. Debutó con la camiseta azulgrana en la liga. Fue el 13 de diciembre de 1942 contra el Sevilla, con una derrota por cuatro a dos. Según los datos del club, en total cuenta con cuatrocientos treinta y cuatro partidos jugados con el Barcelona y marcó noventa y seis goles; es decir, destacó también por su notable capacidad goleadora sin ser un delantero. Por ejemplo, el 25 de marzo de 1945 el Barcelona ganó por cinco a cero al Real Madrid en partido de liga, con doblete de César y goles de Bravo, Escolà y Gonzalvo III. El gol del menor de esta saga familiar fue de chilena. Así lo contaba el *Mundo Deportivo* del día siguiente: «Gonzalvo III no está por lo visto muy conforme con haberse quedado en ayunas y faltando cuatro minutos escasos para llegar al final aprovecha una cesión retrasada de César a centro de Valle, empalma un tiro colocado que es rechazado débilmente por Querejeta, recogiendo el propio Gonzalvo III, que empalma de media vuelta un espléndido disparo que se cuela como una exhalación por el ángulo de la puerta madrileña. ¡Es el apoteosis! El entusiasmo se desborda en el campo y los graderíos toman el color blanquecino de miles y miles de pañuelos expresando de este modo su contento y satisfacción por la labor realizada por los jugadores barcelonistas». Y el Camp de Les Corts enloqueció después de la exhibición del equipo. Ese Barça, dirigido por Josep Samitier, acabaría ganando la liga.

En todos los años que estuvo en el Barça, Gonzalvo III ganó cinco campeonatos domésticos. Además, sumó tres Copas de España, tres Copas Eva Duarte y dos Copas Latinas. Fue en la temporada 1951-1952 cuando el Barça de Gonzalvo III, Joan Segarra y Kubala, entre otros, logró todos los títulos en juego: el mítico equipo de las Cinco Copas. Y lo hizo siendo Gonzalvo III el capitán. Como suele pasar en estos casos, aunque no hubiera redes sociales, su talento despertó el interés de otros grandes clubes del momento, entre ellos el italiano Torino.

Todo empezó con un extraordinario partido que Gonzalvo III jugó con la selección. Ante Italia, en Chamartín, tanto técnicos como periodistas transalpinos se deshicieron en elogios hacia Gonzalvo III. El seleccionador italiano incluso salió diciendo que «nunca había visto un medio volante tan bueno como este rubio pequeño». De esa gran actuación vino la oferta mareante del Torino en 1949. Días después del partido, se presentaron en su casa de Mollet el entrenador del Torino y el capitán Valentino Mazzola y le propusieron fichar por el que entonces estaba considerado como mejor equipo del mundo. ¿Qué le ofrecían? Tres años de contrato a dos millones y medio de pesetas –unos doce mil euros– por temporada, más sueldos, primas e incentivos. La oferta era irrechazable, jamás se habían barajado esas cifras en el fútbol europeo. Marià la rechazó.

En la temporada 1955-1956 fue cedido a la Unió Esportiva Lleida, de segunda división, y un año después reforzó el filial del Barcelona, el Club Deportivo Condal, que esa temporada debutaba en la primera división. Esta fue su última experiencia futbolística; después de eso, el menor de esta saga de hermanos colgó las botas.

Los hermanos Gonzalvo coincidieron en el Real Zaragoza y el Fútbol Club Barcelona. Ahora bien, ¿jugaron alguna vez juntos en el campo? Según desvela el libro *El árbol del Barça*, de Gerard Mateo, Julio jugó en el Barça entre 1947 y 1949 y José lo hizo entre 1944 y 1950. Mateo dejó por escrito que, pese a lo que se dice, «los tres llegaron a jugar juntos en el primer equipo como titulares, tan solo en un partido amistoso. Fue en Sevilla y contra el Sevilla».

El 7 febrero de 1962 el FC Barcelona le hizo un homenaje, junto a Gustau Biosca, con un partido ante el Peñarol de Montevideo. «La bella actriz Sara Montiel aparece en el grabado junto con los Biosca y Marià Gonzalvo, antes de lanzar el saque de honor», titulaba *Mundo Deportivo*. Gonzalvo III fue otro ejemplo de futbolista legendario en uno de los equipos que los barcelonistas recordarán toda la vida.

Mariano Martín

Su rapidez y olfato de gol propiciaron que la prensa deportiva de los años cuarenta lo bautizara con el apodo de «la furia del área», que vendría a ser otra versión de lo que ahora se llama un *killer*. Un depredador del área. Era rápido y hábil con el balón y además remataba bien de cabeza, pero especialmente tenía, como subrayan los documentos oficiales del club, un instinto natural de la oportunidad, siempre atento a los rechazos y errores de los defensas contrarios. Este futbolista palentino está considerado uno de los mejores delanteros centro que ha tenido el Barcelona en toda su historia: en sus siete temporadas como jugador barcelonista disputó un total de ciento cincuenta partidos, en los que marcó ciento veintitrés goles. Estas cifras lo sitúan como el sexto máximo goleador de la historia del club.

Llegó al club azulgrana en 1940. Fue el máximo goleador del equipo desde la temporada 1940-1941 hasta la 1943-1944. Además, en la 1942-1943 también lo fue de la liga; era la primera vez que lo conseguía un jugador azulgrana, con treinta goles. Mención aparte merece la temporada 1941-1942. El 5 de abril de 1942 el Barcelona vencía tres a uno al Castellón en Les Corts en la última jornada de liga. El resultado evitaba el descenso directo del Barcelona, en detrimento del Hércules, y lo enviaba a la promoción de descenso. Ahora bien, debían jugarse noventa minutos a vida o muerte frente al Real Murcia, pero en un campo neutral. Y el estadio no fue otro que el viejo Chamartín, el del eterno rival. El 28 de junio de 1942 el Real Murcia salió mejor y consiguió adelantarse en el marcador en el minuto veintidós. Este resultado condenaba a los culés a segunda, pero Mariano Martín marcó cuatro goles que fueron decisivos para permanecer en la categoría dorada del fútbol español. El conjunto azulgrana ganó cinco a uno y salvó la categoría una semana después de haberse proclamado campeón de la Copa del Generalísimo, con un doblete de Martín en la final contra el Athletic y un cuatro a tres definitivo.

Ese año también le trajo a Mariano buenas noticias en forma de convocatoria internacional: en 1942, con solo veintidós años, debutó en la selección nacional de fútbol de España, de la que sería el delantero centro titular hasta 1946.

Sus momentos más amargos llegaron dos años después. El 28 de febrero de 1944, con veinticinco años de edad y en la cúspide de su carrera, sufrió una gravísima lesión de ligamentos en la rodilla que truncó su carrera deportiva. La lesión tuvo lugar en el transcurso de un partido amistoso entre las selecciones de Cataluña y Valencia, en la que Martín defendía al conjunto catalán. Después de la lesión ya no volvió a ser el mismo y el Barcelona, ante la progresión de su otro delantero, el mítico César, optó por dar la baja a Mariano Martín en 1948. Martín fichó entonces por el Gimnàstic de Tarragona, donde jugó cinco temporadas hasta que, en 1950, fichó por la Unió Esportiva Sant Andreu de Barcelona, en la que acabó su carrera deportiva.

Antes de colgar las botas, en 1943, puso en marcha un negocio de artículos deportivos –que fue referencia en Barcelona– junto a su compañero Benito García –menos conocido como futbolista, era un defensa lateral también del club blaugrana con fama de duro–. Aprovechando la notable presencia de la industria textil en Cataluña, empezaron a fabricar su propia marca de equipamiento deportivo. En aquellos años muchos equipos, en vez de camisetas, vestían camisas abotonadas por la parte delantera para jugar sus partidos. En los años cincuenta Deportes Martín comercializó camisetas y una pelota de fútbol compuesta de dieciocho piezas cosidas, que bautizaron con el nombre comercial de Nitram –Martín al revés–. A finales de los ochenta, los dos socios decidieron separarse, pero, de aquella primera idea, el hijo de Benito García continuó con la empresa que hoy conocemos con el nombre de Benito Sports, un negocio que dispone de una notable cantidad de tiendas de material deportivo.

Neymar Júnior

Al aficionado azulgrana siempre le quedará la duda de si este brasileño espigado que bailaba sobre el césped con cresta en el pelo y sinuosos regates se quedó a medio camino del trayecto que iba a recorrer en el mundo del fútbol. Quizá en el Barcelona se valoró más por lo que podría llegar a ser que por lo que en realidad fue. Hubo momentos en los que a Neymar se le llegó a bautizar como el Heredero, como si fuera a llevar la corona del trono de Leo Messi, pero lo cierto es que durante su estancia en el Barcelona fue el escudero y, cuando se dio cuenta de la grandeza de Messi, dejó el Barça para convertirse en el heredero del argentino, pero nunca lo consiguió.

Neymar, procedente del Santos FC, firmó por el club azulgrana el 3 de junio de 2013. Era una estrella en Brasil y venía al Barcelona a devolver la magia que trajo en el año 2003 otro brasileño que marcó una época en el Camp Nou: Ronaldinho. Una baza que exhibieron los mandatarios del Fútbol Club Barcelona para ensalzar el fichaje de Neymar fue aducir que el Real Madrid también lo quería; por lo tanto, se convertía en una pieza de valor cotizada que el club azulgrana no podía dejar escapar. A los catorce años Neymar viajó a España para fichar por el Real Madrid y pasó la prueba para su posible traslado, pero el fichaje se cayó debido a que su padre decidió que siguiera desarrollándose en las juveniles del Santos. ¿Qué hubiera pasado con Neymar en el Madrid? Eso forma parte del universo futbolístico paralelo.

Neymar hizo su debut oficial con el Barcelona el 18 de agosto de 2013 en un partido de liga contra el Levante. El equipo del

entonces entrenador Tata Martino ganó con un contundente siete a cero, aunque Neymar no marcó ningún gol. De hecho, su primer gol con el Barcelona fue tres días después, el 21 de agosto de 2013 en el partido de ida de la Supercopa de España contra el Atlético de Madrid, que terminó uno a uno. Neymar marcó de cabeza tras un centro de Dani Alves.

Aquella temporada fue para olvidar. Neymar hacía balance de ella en una entrevista para *Mundo Deportivo*, el 20 de octubre, una vez empezada la siguiente temporada: «¿Cuesta mucho el primer año en el Barça? Un poco. Venía de Brasil y son cosas diferentes de todo, de la vida, dentro del campo, la rutina del día a día… pero ya estoy adaptado. Ahora estoy bien, pero sé que puedo dar más, puedo hacer más cosas en el club, ayudar más a mis amigos, y quiero eso. ¿Qué títulos cree que ganará el Barça este año? Podemos ganarlo todo. Si estamos bien, si podemos hacer cosas buenas dentro del campo, podemos pelear por todos los títulos. Ese es mi deseo para 2015: que el Barça sea campeón de todo. De todo».

Para esa temporada, la de 2014-2015, el club fichó a Luis Enrique Martínez para que viniera a renovar la herencia de Pep Guardiola y exprimiera al máximo los años que le quedaban a Leo Messi, que eran muchos todavía. Neymar formó parte, junto al uruguayo Luis Suárez, del complemento ideal del argentino, y los tres constituyeron el tridente atacante que más alegrías le ha dado al Barcelona en una sola temporada: la MSN. Y Luis Enrique lo supo. Y la primera temporada –tras un inicio convulso– ganó el triplete. La liga, la Copa del Rey y la Champions de Berlín. Neymar pudo disfrutar de su primera gran temporada como azulgrana, además culminando la final contra la Juventus con un gol que celebró con toda la grada de aficionados desplazados al estadio olímpico de la ciudad alemana. Neymar terminó la temporada con treinta y nueve goles en todas las competiciones y diez en la Liga de Campeones, como máximo goleador de dicha competición junto con Leo Messi y

Cristiano Ronaldo. Además, el tridente atacante formado por Messi, Suárez y el brasileño terminó la temporada con ciento veintidós goles, la cifra más elevada de una temporada para un equipo español. El triplete hizo presagiar que volvía otro equipo de época, otra colección de temporadas para enmarcar, y lo cierto es que Neymar y sus compañeros volvieron a ganar la liga española, pero el juego y el rendimiento no tuvo el crecimiento exponencial que se había exhibido en la temporada anterior. La excelencia está al alcance de unos pocos, incluso teniendo al mejor del mundo al lado.

De su paso por el Barcelona, uno de los mejores momentos de Neymar con la camiseta azulgrana fue el 8 de marzo de 2017, en el partido de vuelta de los octavos de final de la Liga de Campeones contra el PSG. Neymar marcó un gol de falta en el minuto ochenta y ocho que colocó el marcador cuatro a uno a favor del Barcelona. Dos minutos después, marcaba un penalti que había sido concedido a Luis Suárez, lo que puso el marcador cinco a uno, acercando al Barcelona a un solo gol de la clasificación para la siguiente ronda. Además, dio una asistencia precisa a Sergi Roberto, que anotó el gol definitivo en el minuto noventa y cinco, sellando el seis a uno y completando la remontada histórica. En ese último cuarto de hora de partido fue clave la motivación de Neymar para echarse el equipo a la espalda. Una de las fotos icónicas se la llevó Leo Messi celebrando eufórico la remontada con la afición postrada ante él.

Seguramente aquel día Neymar, que había sido clave en la remontada, vio que la sombra del argentino no le permitiría brillar con luz propia. No sabemos si estaba en lo cierto. Lo que sabemos es que fuera del Barça no brilló lo que él esperaba. El cobijo de Messi le habría permitido también brillar. Lo peor del fichaje de Neymar fue el peaje extrafutbolístico que se pagó por culpa de la llamada «ingeniería financiera» para que el brasileño llegara. En diciembre de 2016 la justicia española condenó al Fútbol Club Barcelona a pagar 5,5 millones por fraude fiscal en el caso Neymar. De hecho, el club de fútbol llegó a un pacto en el que se admitía que se cometieron dos delitos fiscales, en 2011 y 2013, en el fichaje del jugador brasileño. Por eso, los que fueron presidentes en esa época, Josep Maria Bartomeu y su antecesor, Sandro Rosell, hicieron que el Barcelona aceptara pagar una multa de 1 440 000 euros por el fraude fiscal de 2011 y 4 071 000 por el de 2013, lo que se corresponde con el 60 % de la cuota defraudada. A cambio del acuerdo y aceptando la pena para el club, los dos mandatarios quedaban exonerados de responsabilidad. Una mancha demasiado grande para un jugador que había venido con la estela de ser una estrella mundial. Y en la cruz de la moneda del fichaje de Neymar hay que situar también su salida del club.

Después de muchos días de incertidumbre, el 3 de agosto de 2017, ya habiendo realizado una parte de la pretemporada con el Barça, el Paris Saint-Germain pagó la cláusula de rescisión del jugador brasileño –doscientos veintidós millones de euros–, convirtiéndolo en el traspaso más caro de la historia del fútbol hasta ese momento.

El rendimiento en el equipo parisino fue bueno, sobre todo en la Ligue One, pero no alcanzó la gloria europea que ansiaba alejándose de la estela de Messi. Los dos se reencontraron en el PSG cuando el argentino dejó el Barça y jugaron un par de temporadas hasta que separaron sus destinos. Neymar se fue a Arabia Saudí y Messi al Inter de Miami. La herencia de Messi es tan inabarcable que quien la quiera poseer debe esforzarse para conseguirla.

Paulino Alcántara

Si Alcántara hubiera nacido a principios del siglo XXI, las colas para pedirle autógrafos después del entrenamiento del primer equipo en la Ciutat Esportiva Joan Gamper serían kilométricas, saldría en la portada del videojuego de fútbol de moda, protagonizaría anuncios publicitarios que se harían virales en las redes sociales y lo entrevistarían en los *late shows* nocturnos de moda en la televisión.

Alcántara nació en Filipinas en 1896. Su madre, Victoria Riestra, era filipina y su padre, Eduardo Alcántara, un militar español destinado allí. En 1899 Paulino se trasladó a Barcelona con sus padres. En 1910, con catorce años, fichó por los infantiles del Barça. De hecho, tal y como recogen en la biografía novelada del jugador azulgrana Ángel Iturriaga y David Valero, Alcántara consiguió las dos pesetas: «No recuerdo de qué manera ni a través de quién, pero lo que sí tengo grabado en la memoria es el día en que entregué las dos pesetas y pasé a ser miembro del Fútbol Club Barcelona. Era mayo del 1910 y significaba mi primer paso dentro de un club del cual no me he desvinculado afectivamente en ningún momento de mi vida». A partir de este momento se pusieron los mimbres para que Paulino Alcántara se convirtiera en la primera figura mediática del club, el primer *crack* del Barça.

Era tan talentoso y precoz que a los quince años y cuatro meses debutaba en el campo del Carrer Indústria de la Ciudad Condal con el primer equipo azulgrana marcando tres goles contra el Català Sporting Club en un partido del Campeonato de Catalunya. «Llegó el gran día. Aquel domingo 25

de febrero de 1912 supondría una fecha imborrable en mi memoria. La prensa hizo buenas críticas de mi actuación a la vez que la afición me empezó a coger afecto». En 1916 dejó el Barça y se marchó a Filipinas porque su objetivo era estudiar Medicina. «Adiós a los amigos, a los compañeros y también al Barcelona, el único club que he sentido siempre como mío. Tenía la certeza de que acabaría vistiendo de nuevo la camiseta azulgrana», explica en el libro Paulino, el primer *crack* de la historia del Barça.

Allí en Filipinas tuvo tiempo de compaginar el fútbol y los estudios: jugó dos años con el Bohemian Club de Manila. Durante ese tiempo, el club azulgrana notó su ausencia y le pidió que volviera. En febrero de 1918 Alcántara volvió a Barcelona.

Desde mediados de los años veinte Paulino compaginó el fútbol con el ejercicio de la medicina. De hecho, había renunciado a participar en los Juegos Olímpicos de Amberes de 1920, en los que España logró la medalla de plata, porque no quería perder el curso de la carrera.

Su palmarés –todavía no se había fundado la Liga– fue: cinco Copas de España, diez Campeonatos de Cataluña y dos Copas de los Pirineos. También ganó dos Campeonatos Apertura Masculino de la Federación Filipina de Fútbol. Siempre ataviado con un pañuelo blanco colgando de la cintura, tenía un potente disparo tanto con la izquierda como con la derecha. Incluso entre los cronistas de la época se ganó el apodo de «romperredes» porque en un partido con la selección española agujereó la red rival con un potente disparo. Fue el 30 de abril de 1922 en Burdeos, en el partido internacional Francia-España, que terminó con el resultado de cero a cuatro.

En 1927 anunció su retirada como futbolista. El 3 de julio de ese año el club le hizo un homenaje en el Campo de Les Corts. Fue el máximo goleador de la historia del Fútbol Club Barcelona, con trescientos noventa y cinco goles en trescientos noventa y nueve partidos, hasta que fue superado en 2014 por Leo Messi. Entre sus muchas particularidades, Paulino Alcántara ha pasado a la historia por ser el primer futbolista en activo en escribir sus memorias. «Yo nací en Ilo-Ilo el 7 de octubre de 1896. Ilo-Ilo es una de las islas más importantes del archipiélago filipino. Y aunque vine a España muy pronto –a los tres años– la circunstancia de haber vuelto después, en plena juventud, al lugar de mi nacimiento, puede permitirme recordar aquellos preciosos parajes donde la naturaleza muestra magníficamente esplendores no conocidos en Europa». Así arrancaba el primer capítulo de *Mis memorias*, su autobiografía, escrita en 1924, cuando el jugador blaugrana tenía veintiocho años. En sus memorias, además, Alcántara desvela que su pasión por el fútbol le vino una tarde cualquiera en la que vio un partido con unos compañeros de clase, en 1908. Allí también daba consejos para la práctica del deporte. Según ha quedado documentado, Alcántara recomienda, por ejemplo, «dar una vuelta al campo, cinco minutos de gimnasia sueca, un esprint de veinte metros, salto a la cuerda y otro rato de gimnasia, salto de vallas y otra vuelta al campo, en esta ocasión con algunos instantes de esprint». Habría que ver si los preparadores físicos de hoy en día validarían todas estas recomendaciones.

Una vez retirado del fútbol, Alcántara consiguió ejercer de médico y se convirtió en un importante urólogo. A principios de los años treinta también fue directivo del club. Más allá de su grandeza futbolística, durante la guerra civil española fue el primer *crack* del Barça que se alineó con el franquismo. Se puede leer en la web del club blaugrana: «Participó en el bando franquista como teniente médico». Y también lo contó en 2023 Carles Llorens, en la revista *Sàpiens*: «El 26 de enero de 1939, el ejército franquista entró en Barcelona y la ciudad fue ocupada sin oposición. Si la mayoría de barceloneses no se hubieran encerrado en casa, expectantes –esto los que no habían cogido el camino del exilio, unos días antes–, quizá habrían reconocido, entre los soldados que acompañaban al general Yagüe, al gran mito culé Paulino Alcántara». En 1951, su vocación futbolística también lo llevo a entrenar a la selección española.

Romà Forns

Romà Forns i Saldaña forma parte del club de personas vinculadas al Fútbol Club Barcelona que han tenido el privilegio de ser jugadores, entrenadores y directivos del club; *hat-trick* de cargos en la entidad. Comparte este privilegio solamente con Gonzalvo II. Como futbolista, es recordado como uno de los primeros jugadores importantes del Fútbol Club Barcelona y uno de los más apreciados por su carácter alegre y extrovertido. Además, formó parte de los primeros equipos del club, a principios del siglo XX, y jugó un papel significativo en la historia temprana de la institución. No existe tanta documentación detallada de esos primeros años como la hay para jugadores más recientes, pero de lo escrito durante muchos años se sabe que Forns jugaba principalmente como atacante; la mayoría de veces, de extremo. Esta posición, en el fútbol de principios de siglo, tenía un rol crucial en el ataque del equipo, utilizando velocidad y habilidades para desbordar a los defensores y centrar el balón de forma certera.

Compartió abrazos, alegrías y decepciones con jugadores como Ernest Witty, el *crack* Paulino Alcántara, Carles Comamala o Jack Greenwell. En su mochila de recuerdos imborrables para él y el barcelonismo tiene el honor de haber marcado el primer gol en el partido de inauguración del campo del Carrer Indústria de Barcelona, el 14 de marzo de 1909, un encuentro que enfrentó al Barcelona y al Català Futbol Club.

«Verdadero interés había despertado este partido, como lo demuestra la numerosa concurrencia que acudió a presenciar lo que no bajaría de dos mil personas que rodeaban por completo el nuevo campo del Barcelona, cuya inauguración se efectuaba. El Barcelona dominó casi siempre, pero sus combinaciones y algunos certeros chutes fueron contrarrestados por el portero visitante, que estuvo sencillamente admirable. Del Barcelona se distinguieron Forns, que ha vuelto por sus fueros y estuvo trabajador y acertado, y también Quirante, como siempre infatigable y multiplicándose», rezaba la crónica de la página cuatro del *Mundo Deportivo* del 18 de marzo de 1909.

Este fue sin duda uno de los campos más icónicos del Fútbol Club Barcelona en sus primeros años de vida. El club jugó allí entre 1909 y 1922. Por cierto, en su libro *Barça olvidado* Manuel Tomás y Frederic Porta explican que «durante los primeros años del campo de Indústria, allá por 1912, existía un tipo de abono especial para los partidos del Barça. Era un tanto incómodo, debemos precisar; se trataba de un árbol situado al lado del campo, lugar privilegiado donde los niños culés se encaramaban para seguir las evoluciones de los Forns, Peris, Irizar y compañía. Y, cuando el balón saltaba a la calle, el más listo y rápido de todos lo pillaba y corría con él hasta la entrada para devolverlo al conserje. Como premio, el afortunado podía ver el resto del choque en el interior del campo. No diremos que se pegaban entre ellos, pero sí que había más de un chaval seductor o especialista en la materia». El fervor futbolístico se abría paso entre la afición. Fue en ese estadio donde los simpatizantes se ganaron el apelativo de culés.

Muchos de esos partidos los disputó allí Romà Forns. De hecho, en las estadísticas oficiales del club consta que el atacante catalán jugó doscientos veinticuatro partidos con la camiseta azulgrana y marcó un total de setenta y ocho goles.

En junio de 1913 Forns decidió retirarse y en su partido homenaje, tal como recoge el club en su página oficial, el público le dedicó una de las ovaciones más calurosas y sinceras que se han podido escuchar en un campo de fútbol. Y se dieron muchos gritos: «¡No te vayas, Forns!». Forns se fue como futbolista, pero, después de calzarse las botas durante muchos años, decidió ponerse camisa. Fue directivo del club entre el 1 de junio de 1924 y el 13 de junio de 1926 bajo las presidencias de Joan Gamper, Joan Coma y Arcadi Balaguer. Después de dejar los despachos, quiso probar los banquillos. Forns se convirtió en entrenador del Barcelona en 1927 y ejerció como técnico hasta 1929. De hecho, fue el primer técnico catalán de la historia de la entidad. Como entrenador es recordado por sus contribuciones al desarrollo táctico y por llevar al Barcelona a sus primeros éxitos en competiciones nacionales. Con él en el banquillo, el Barça ganó los Campeonatos de Catalunya y de España de la temporada 1927-1928. Además, en la temporada 1928-1929 se celebró la primera edición de la liga española, que ganó el Barça. En esta ocasión, los azulgranas tuvieron dos entrenadores: empezó el campeonato Romà Forns, pero lo terminó el británico James Bellamy con Forns de adjunto. Romà Forns falleció en Barcelona el 3 de abril de 1942, dejando un legado importante en la historia del FC Barcelona y en el desarrollo del fútbol en España.

Romário de Souza

La obsolescencia programada tiene que ver con aquellos productos diseñados para fallar de forma prematura o quedarse obsoletos a corto o medio plazo. A los futbolistas brasileños a veces parece sucederles algo así, como si de algún modo estuvieran preparados para dejar de funcionar de repente sin que nadie tenga ninguna explicacéin, como si supieran cuándo deben priorizar otros objetivos y desechar el que tienen entre manos. Solamente así puede explicarse que un futbolista tan extraordinario y único como Romário de Souza Faria jugara en el Fútbol Club Barcelona solamente una temporada y media, desde julio de 1993 hasta el 1 de enero de 1995. Como si ya estuviera programado para rendir al cien por cien y dejar una huella imborrable en el primer equipo, pero sabiendo que tendría fecha de caducidad.

En su presentación, el presidente Josep Lluís Núñez confesó que se había quedado impresionado al ver un vídeo de sus goles en la liga de Holanda. A Romário le preguntaron cuántos goles se proponía marcar en su primera temporada y el brasileño fue muy preciso y no se mordió la lengua: «Treinta». Dicho y hecho. En su primera temporada ganó el Trofeo Pichichi como máximo goleador tras marcar treinta goles en treinta y tres partidos del campeonato de liga. Una cifra goleadora espectacular. Además, los goles fueron auténticas obras de arte. Todos conocéis la famosa frase de Jorge Valdano: «Romário es un futbolista de dibujos animados». Una de sus obras supremas tuvo lugar en el Camp Nou la noche del 8 de enero de 1994, cuando el brasileño marcó

un *hat-trick* en el histórico cinco a cero que el Barcelona le endosó al Real Madrid y que desató la euforia del barcelonismo. Además, uno de los goles más recordados del partido es el de la famosa cola de vaca que Romário le hizo al defensa blanco Rafael Alkorta dejándolo atrás. Se pudo leer en *La Vanguardia* del día después: «Romário fue el gran verdugo del Madrid. Suyos fueron tres de los goles y el pase del que cerró el capítulo. Cruyff, al ficharle, dijo de él que era el detalle que le faltaba al Barça. Anoche, Romário fue algo más que un detalle. Fue la joya de una corona azulgrana bruñida con los mejores internacionales del fútbol español y con un ramillete de extranjeros que están en todas las listas de los mejores futbolistas del año. Delante, por más que se esforzaran los hombres de Benito Floro, había otra cosa». El ambiente aquella noche fue espectacular, con un recital de juego y goles contra el máximo rival. «Esto no ha sido una venganza por la mala racha que llevaba. Esto ha sido fruto del trabajo que he realizado para romper esa racha. He estado con Dios, que me ha ayudado a marcar estos tres goles», manifestó el jugador brasileño al acabar el partido, tal como recogen todas las crónicas del momento. No era la primera vez que Romário marcaba tres goles en un partido, porque ya lo hizo el día de su debut.

Lo cierto es que aquella temporada el brasileño deslumbró a los aficionados culés. La euforia por los goles se combinaba con la certeza de que Romário no era un futbolista disciplinado, al menos en lo que respecta a las horas de sueño. Era *vox populi* la tendencia del brasileño a vivir de noche. Él mismo lo reconocía en una entrevista al diario *Sport* el 22 de abril de 1994: «La gente debe pensar que salgo cada noche, y eso no es verdad. Salgo cuando puedo y porque me gusta. No bebo ni fumo, simplemente bailo. La gente debe creerse que salgo cada día y por eso no meto goles cuando ocurre todo lo contrario. Si no salgo de noche, no meto goles, así de claro. Y cuando hablo de salir me refiero a salir los días que se puede y hasta horas prudenciales».

Daba espectáculo dentro y fuera del campo. En la primera temporada, Romário terminó con la victoria en la liga –para no perder la costumbre, en la última jornada, gracias a un penalti fallado por el Deportivo de la Coruña– pero con la fatídica derrota en la final de la Champions de Atenas, por cuatro goles a cero contra el Milan. Al finalizar esa temporada los jugadores azulgrana se fueron de vacaciones. Algunos ya no volvieron.

Se celebró el mundial de fútbol de Estados Unidos y a Brasil le fue muy bien, con Romário como líder y referente de una selección que se llevó, en la tanda de penaltis contra Italia, la preciada Copa Mundial. Y allí se activó el mecanismo preciso que detuvo la ilusión del jugador, el clic que él sintió.

Aquel verano posmundial, Romário estaba citado el 1 de agosto para empezar su segunda temporada en el Barça, pero cinco días antes el delantero avisó al club de que llegaría tarde a los entrenamientos porque decía que necesitaba más vacaciones. Se encendieron las alarmas. La prensa lo interpretó como una falta de respeto a sus compañeros y al final Romário aterrizó en Barcelona el 23 de agosto. Años después verbalizó en una entrevista concedida a *Globoesporte* lo que ya dejó entrever entonces: se iba por motivos personales. «No me arrepiento ni un poco, lo haría de nuevo. Yo estuve un año y medio en Barcelona, pero ya había estado cinco años y medio en Holanda. Fueron siete años en total en Europa. Después de la Copa del Mundo, cuando vine a Río para festejar, me di cuenta de que era la hora de volver para jugar aquí en Brasil. También para estar cerca de mis hijos, de mis padres, mis amigos y, principalmente, de la playa..., a pesar de que Barcelona también tiene, pero el clima es diferente». Romário nadó un año y medio en la playa culé para morir dulcemente en la orilla.

Ahora bien, la indisciplina estival de 1994 no presagiaba nada bueno para la temporada. Y así fue. Después de meses irregulares, su adiós se precipitó en enero de 1995, después de una derrota dolorosa: cinco a cero contra el Madrid. Fue traspasado al Flamengo. En su despedida afirmó que se iba a defender los colores del equipo más importante y conocido de Sudamérica y a hacer una cosa que amaba, como jugar al fútbol en un equipo amado por todos. «Estoy muy agradecido al pueblo catalán, a la afición, a la directiva, a los jugadores y a los entrenadores. Dejo el Barça convencido de que en este año y medio he intentado hacer lo mejor para el equipo. Será casi imposible encontrar un club como este».

Romário forma parte del museo de los grandes brasileños de la historia del Barcelona. Eso sí, fue efímero, pronto se cansó de ganar. La eterna obsolescencia programada brasileña.

Ronald Koeman

El héroe de la final de Wembley del 20 de mayo de 1992. El autor del gol más importante en toda la historia del Fútbol Club Barcelona. El que le dio su primera Copa de Europa. El que lo sacó del letargo europeo. El que hizo que se cambiara la mentalidad. Un gol que vale por muchas cosas. Una explosión de emociones en un club que nunca había ganado esta competición y que después de diversos intentos por fin conquistó la gloria europea para transformar su visión para siempre.

Nunca un libre indirecto influyó tanto en la autoestima de una institución. *La Vanguardia* lo contaba de esta manera: «La final estuvo a punto de decidirse en la tanda de penaltis. En tal caso, seguro que los porteros se hubieran convertido en la clave del encuentro. Luego, Ronald Koeman, con su imparable obús, eclipsó a Pagliuca –portero de la Sampdoria–, y Zubizarreta, el portero azulgrana, tan criticado cuando comete algún leve error, cuajó un encuentro perfecto, con solo una duda en una salida por alto que ahora es pura anécdota». Koeman y él apuntalaron el triunfo. «Cuando decides un partido que vale una final de la Copa de Europa, es algo impresionante», declaraba un Ronald Koeman exultante de alegría después del partido. «Cuando marcas un gol así, es algo fantástico, que no puedes ni soñar hasta que sucede». Y respecto al partido añadió: «Creo que merecimos ganar por nuestro buen segundo tiempo y que ha ganado el mejor equipo. Ellos han hecho bastante poco para ganar. Ya sabemos cómo juegan los equipos italianos». Además, repasando sus cifras en la final, fueron impecables, según el rotativo catalán tocó ciento veintiún balones e hizo

noventa y dos pases correctos. Y no cometió ni una falta. Un partido redondo del neerlandés. Las botas con las que marcó el gol y jugó el partido están expuestas en el Museo del Fútbol Club Barcelona. «No creo que exagere si digo que he visto el gol de Wembley más de mil veces. En estos treinta años no ha habido ni uno solo que no se haya recordado. Incluso cuando estaba jugando o entrenando en Holanda, cuando llegaba el 20 de mayo, siempre se repetía en alguna televisión», dijo en 2022 en una entrevista concedida al diario *Sport*. El futbolista, nacido en Zaandam, llegó al Fútbol Club Barcelona con veintiséis años desde el PSV Eindhoven para formar parte del Dream Team de Johan Cruyff y convertirse en una leyenda azulgrana. El club azulgrana pagó unos 4,3 millones de euros para traerlo del PSV Eindhoven en el mercado de invierno de 1989, y formó parte de la plantilla hasta 1995.

Era el segundo fichaje más caro de la historia del club en aquella época, solo por detrás de Diego Armando Maradona. Jugó un total de doscientos sesenta y siete partidos oficiales y marcó noventa goles. Fue uno de los pilares del equipo de Johan Cruyff. Con él y sus compañeros ganó cuatro ligas consecutivas, de 1991 a 1994. Completó su palmarés durante su trayectoria en el equipo azulgrana con la Champions de 1992 y una Supercopa de Europa, tres Supercopas de España y una Copa del Rey, la de 1989-1990, la primera temporada que jugó de azulgrana. Su papel en la zona defensiva del equipo, jugando como líbero, contribuyó decisivamente a que el club viviese una de las mejores épocas de su historia. Una de las características del futbolista holandés era su habilidad para jugar en largo: Koeman levantaba la mirada –buscaba a menudo al jugador más alejado– y era capaz de ponerle balones a Hristo Stoichkov con pases largos pero precisos y efectivos. También era hábil en el juego aéreo, lo que lo hacía muy valioso tanto en defensa como en ataque, especialmente en jugadas a balón parado. Se le recuerda también por su potente disparo y precisión; de hecho, su técnica de golpeo lo hacían una amenaza constante si había que lanzar faltas. Además, fue un auténtico especialista desde el punto de penalti. El holandés tiene el récord del futbolista que más penaltis ha marcado de manera consecutiva en primera división: un total de veinticinco. También tiene el récord de veces que se han acordado de él los aficionados del Barcelona cuando un futbolista del primer equipo ha lanzado mal un penalti.

Su vínculo con el Barcelona terminó el 1 de mayo de 1995 y a final de temporada confirmó su fichaje para los dos siguientes años con el Feyenoord Rotterdam –club donde se retiró–, con lo que se convertía en uno de los pocos jugadores que ha militado en los tres clubes más importantes de su país (PSV y Ajax fueron los otros dos).

Después de acabar su carrera en los terrenos de juego, empezó su carrera en los despachos y los banquillos. Esta le llevó, el 19 de agosto de 2020, a reencontrarse con su amor de juventud, el Fútbol Club Barcelona: fue contratado como entrenador del primer equipo. Su debut fue muy plácido: una victoria por cuatro goles a cero ante el Villarreal CF.

El periodo de Koeman en el banquillo azulgrana estuvo marcado, al margen de la irregularidad en el juego y los resultados, por la inestabilidad institucional. El neerlandés consiguió ser campeón de la Copa del Rey en su primera temporada. La segunda ya no la terminó, fue despedido a finales de octubre del 2021 después de una nueva derrota en liga –contra el Rayo Vallecano–. Con el paso del tiempo, en febrero de 2024, Koeman aseguró en *Good Morning Eredivisie*, de Fox Sports, que «ser entrenador del Barça es un ataque a la salud mental. Hacía mucho tiempo que deseaba entrenar al Barça, pero llegó en un momento muy complicado. Yo tenía el sueño de entrenar al Barcelona. Creo que tampoco puedes esperar el momento que todo funcione bien. Si un equipo tiene muy buenos resultados, un equipo no cambia de entrenador. Siempre que hay un cambio es porque la gente no está contenta, porque el equipo no gana... No sé si he sido valiente, creo que cualquier entrenador que tiene la oportunidad de venir, dice "¡Voy!". Por el afecto de la gente, por el afecto del club, por mi relación personal... Conozco bien el club, conozco a la gente, estuve seis años como jugador y un año y medio como ayudante de Van Gaal. Sabía que era un momento complicado, con cambios importantes en el club, pero soy el entrenador, tenemos que jugar bien y ganar los partidos, el resto no lo podemos controlar».

En la entrevista el periodista le preguntaba sobre si el hecho de ser una leyenda –el héroe de Wembley– le añadía presión por la decepción que puede causar a la afición si no cumple las expectativas: «Cualquier entrenador que llega a un club como el Barça tiene que ganar para que la gente esté contenta. Claro que puedes tener un buen nombre, lo que has hecho antes como jugador, pero al fin lo que cuenta son los partidos, son los títulos y las cosas que ganas. Si ves mi carrera como entrenador, bueno, en Holanda, sí, pero en muchos otros casos, como con el Benfica, el Valencia o el Everton y el Southampton en Inglaterra, no estuve en equipos muy grandes que aspiraran a todo. Ahora también me tengo que ganar a la gente y me he dado cuenta de que las cosas no vienen fácilmente. Creo que hay que tomar decisiones, hay que hacer cambios, hay que dar confianza, hay que dar oportunidades a los jóvenes y hay que valorar después de un tiempo. Uno tiene que trabajar y demostrar como entrenador que es válido para este club».

Ronaldinho Gaúcho

Ronaldo de Assis Moreira –Ronaldinho– fue un mago brasileño disfrazado de futbolista que convirtió al Barcelona en un auténtico espectáculo lleno de trucos y magia inolvidables. No es fácil pasar a la historia por ser la persona que devolvió la sonrisa al Camp Nou después de años futbolísticos grises y anodinos. Comenzó su carrera profesional en Grêmio, debutando con el primer equipo en 1998, y su talento y habilidades llamaron la atención de clubes europeos: en 2001 firmó con el Paris Saint-Germain (PSG). Después de sus temporadas de éxito en Francia y haberse proclamado campeón del mundo con Brasil con solo veintidós años, este joven brasileño era una de las perlas futbolísticas con más proyección del momento.

En 2003 la junta de Joan Laporta, que acababa de ganar las elecciones, lo fichó para el Barcelona con el objetivo de cambiar el estado de ánimo del barcelonismo, maltrecho y afligido después de tantos años de tristeza futbolística acumulada. El día que lo cambió todo fue el 21 de julio del 2003. Veinte mil aficionados acudieron al Camp Nou a ver la presentación de Ronaldinho como nuevo jugador del Fútbol Club Barcelona. Tal y como se puede consultar en las hemerotecas, en la rueda de prensa posterior, el presidente de la entidad, Joan Laporta, aseguró que «Ronaldinho, con sus veintitrés años, destinará sus mejores años como futbolista al Barça». Y el Gaucho no defraudó. Los primeros años del brasileño en el club azulgrana fueron una explosión de entusiasmo, de sonrisa eterna y diversión inocente en el terreno de juego. Las páginas que

escribió este futbolista en el primer tramo como culé forman parte de los mejores recuerdos de la afición.

Fue el futbolista que cambió ceños fruncidos por sonrisas eternas. Y determinante fue su papel para conseguir de nuevo el título de liga; en su palmarés constará para siempre que se llevó dos consecutivas (2004-2005 y 2005-2006). Aquella misma temporada Ronaldinho tuvo un papel decisivo para que, catorce años después de la final de Wembley de 1992, el club levantara la Champions de nuevo, esta vez en el cielo de París, en la famosa final contra el Arsenal. Además, también se llevó como botín dos Supercopas de España (2005-2006 y 2006-2007).

Era tan grande la ilusión que generó Ronaldinho con su llegada que los culés esperaban su debut con aquellos nervios de la primera cita. Y no pudo tener mejor escenario. El miércoles 3 de septiembre de 2003 en el Camp Nou tenía que jugarse un Barça-Sevilla. El equipo azulgrana pidió a los andaluces adelantar el partido al martes porque perdía a muchos jugadores internacionales debido a los compromisos con las selecciones y estaría en inferioridad de condiciones. El Sevilla se negó –ya que también jugaba el domingo– y la directiva culé ingenió un plan: poner el partido el miércoles, pero a las 00:05 h; es decir, la madrugada del martes al miércoles. Además, para incentivar la asistencia de aficionados, la directiva blaugrana se inventó la ya conocida como «noche del gazpacho», donde se repartiría gazpacho a todos los que asistieran al partido. El Camp Nou se llenó con 80 237 espectadores que fueron a disfrutar de la puesta en escena de la que sería la gran estrella de la liga. Aquel partido acabó uno a uno. Reyes marcó para el Sevilla y el gol de la noche fue el que anotó Ronaldinho en el cincuenta y ocho, en un enorme trallazo desde fuera del área después de driblar desde el centro del campo a dos rivales sevillistas. El diario inglés *The Guardian* lo explicó así: «A la vista de más de ochenta mil culés, Ronaldinho estaba en el Camp

Nou, recogió el balón dentro de su propio campo, luego empezó a correr hacia delante, con el pelo rebotando cómicamente, superando a José Luis Martí y Francisco Casquero antes de realizar un increíble gol de más de treinta metros que superó a Antonio Notario, que se estrelló primero en el larguero, rebotó hacia el césped y luego se introdujo dentro de la red. El Camp Nou se volvió loco». Los culés salieron flotando del estadio a las dos de la madrugada. El idilio con el ídolo brasileño no había hecho más que empezar.

En total, Ronaldinho jugó doscientos siete partidos con el Barça y marcó noventa y ocho goles. Entre sus actuaciones individuales más recordadas también está la del 19 de noviembre de 2005, durante un partido de liga entre el Barcelona y el Real Madrid en el Santiago Bernabéu. Esa noche Ronaldinho fue clave en la victoria a domicilio por cero a tres ante el eterno rival. El momento más memorable del encuentro se produjo cuando Ronaldinho marcó su segundo gol, después de una jugada individual en la que –como iba siendo habitual– dribló a varios defensas del Madrid antes de enviar el balón al fondo de la portería de Iker Casillas. El gol fue tan espectacular que incluso los aficionados del Real Madrid se levantaron para aplaudirle. Una imagen que dio la vuelta al mundo.

Ronaldinho también ganó el Balón de Oro en 2005, consolidando su lugar como uno de los mejores del mundo. A lo largo de sus años en el Barça su capacidad para imaginar situaciones inverosímiles lo llevó, en un partido de Champions, a lanzar una falta por debajo de la barrera que había construido el equipo rival. Fue el 1 de noviembre del año 2006, en un Barça-Werder Bremen. Normalmente, en las faltas, los jugadores de la barrera suelen saltar para bloquear tiros altos, pero esta vez el jugador brasileño ejecutó el libre directo y en lugar de lanzar el balón por encima de la barrera decidió chutar raso, por debajo de la barrera, mientras los defensores se elevaban para tapar el disparo. El balón pasó por debajo de los pies de la barrera y se dirigió hacia la esquina inferior del arco, sorprendiendo al portero y poniendo –por enésima vez– en pie al Camp Nou.

Después de conseguir la Champions de Wembley de 2006, el tramo final de su carrera fue más irregular. En la temporada 2006-2007 el rendimiento global del equipo disminuyó sobre todo en el tramo final, faltando Ronaldinho en partidos clave. Pese a estas circunstancias, Ronaldinho se erigió en el máximo goleador del conjunto azulgrana con veintiún goles, su máxima cifra en la liga.

Fue en la última temporada (2007-2008) cuando el rendimiento de Ronaldinho cayó en picado. Su evidente baja condición física, provocada por la constante actividad nocturna, le hizo perder nivel de juego. Con la llegada de Pep Guardiola al banquillo, en el año 2008, para sustituir a Frank Rijkaard, Ronaldinho fue traspasado al Milan, pero dejó atrás un legado que aún resuena en el Camp Nou. Ronaldinho fue un jugador que hizo que el fútbol pareciera fácil y divertido. Siempre será recordado como una leyenda del Barça y un icono del fútbol mundial. Su última etapa como futbolista profesional la pasó mayoritariamente en Brasil, jugando en el Flamengo una temporada, otras dos en el Atlético Mineiro, una breve etapa en la liga de México, con el Querétaro, y de nuevo en Brasil, con la camiseta del Fluminense, donde se retiró.

Ronaldo Luís Nazário

Esta es la historia de un amor futbolístico casi de verano. Ronaldo Luís Nazário llegó al Barcelona la temporada 1996-1997, con diecinueve años, después de haber jugado para el PSV Eindhoven. Su fichaje por el club azulgrana marcó el inicio de su brillante carrera en los grandes clubes europeos, aunque muchos culés pensaran que «el Fenómeno», como se le conocía, había nacido para marcar una época con el Barcelona. Lo cierto es que, con el nueve a la espalda, solamente estuvo una temporada en el club, pero dejó constancia de su talento futbolístico y su capacidad goleadora. Ronaldo fue, en aquella campaña, el máximo goleador de la liga, con treinta y cuatro goles en treinta y siete partidos. En la competición doméstica, el brasileño marcó algunos de los goles más memorables e inverosímiles de la historia del club; por ejemplo, el del partido de liga contra el Compostela el 12 de octubre de 1996. Corría el minuto treinta y seis de la primera parte del encuentro en el Multiusos de San Lázaro y Ronaldo recibió el balón en la zona media, en campo propio. Rápidamente se giró hacia la portería y corrió hacia el marco mientras iba conduciendo el balón, a la vez que esquivaba rivales del equipo gallego, gracias a su técnica depurada y sus rápidos movimientos, que iban haciendo inútiles los intentos de los jugadores del Compostela para pararlo. El diario *Marca* lo contaba así: «Aquella apisonadora tardó diez segundos en completar una cabalgata y una cabalgada de casi cuarenta y ocho metros. Según los sismógrafos, el delantero empleó diez segundos, treinta y cuatro zancadas y dieciséis toques hasta que empezó a recibir abrazos». Ro-

naldo se plantó en el área rival y marcó un gol para la historia del Barça y de la liga. El partido terminó uno a cinco a favor de los culés, aunque aquel año no consiguieron el título. Al acabar el partido, Ronaldo relató así su hazaña: «Cogí el balón en el centro del campo. Noté cómo me agarraban, pero seguí corriendo. Vi cómo toda la defensa salía hacia delante y me metí en el área entre dos jugadores. Fue cuando al salir de un regate pude chutar». El entrenador Bobby Robson se echó las manos a la cabeza porque no creía lo que estaba viendo. Todos los culés eran Bobby Robson en aquel momento.

Esa misma temporada, el club azulgrana, con la inestimable colaboración de Ronaldo, consiguió tres títulos: la Supercopa de España, la Copa del Rey y la Recopa de Europa, contra el PSG. La temporada finalizó con cuarenta y siete goles de Ronaldo en cuarenta y nueve partidos.

Parecía que aquel delantero iba a marcar una época en el club azulgrana, pero sus discrepancias con la junta directiva le llevaron a romper su relación contractual con el Barcelona. Todo el mundo se quedó de piedra, porque en principio todo el camino estaba allanado para firmar un contrato largo del brasileño con el Barcelona. La ruptura causó consternación e incredulidad. El 27 de mayo de 1997 lo contaba el diario *EL PAÍS*: «El contrato de por vida de Ronaldo con el Barcelona no duró ni un día. La directiva azulgrana y los agentes del brasileño rompieron las negociaciones cuando intentaban plasmar en un documento los acuerdos alcanzados horas antes. El Barça, por boca de su presidente Josep Lluís Núñez, culpó a los representantes de la ruptura al asegurar que el club había cumplido con todas sus exigencias. Los azulgranas sospechan que Ronaldo tiene un acuerdo en firme con el Inter de Milán y que sus negociaciones con el equipo catalán, en realidad, han sido un puro formalismo. Los agentes del jugador se remitieron a un escueto comunicado en el que daban por rotas las conversaciones». El fracaso de la negociación se consumó apenas ocho horas después de que Núñez y los agentes se lanzaran piropos y se dejaran fotografiar dándose abrazos durante la conferencia de prensa en la que se iba a anunciar un acuerdo tildado de eterno. Todo indica que las conversaciones se rompieron por la forma de pago y los dos mil millones de pesetas que el Barça tenía que pagar como plus de fichaje. La negociación, aplazada en la madrugada del martes al miércoles, tenía que haberse reanudado por la mañana, pero no se consumó. Núñez achacó la ruptura a los representantes. «Era una operación muy forzada. Ellos no esperaban que aceptáramos todas sus propuestas. Intentamos denunciar las cosas que no eran correctas, pero acabamos aceptándolas todas y lo único que faltaba era firmar». Aquel verano de 1997 el brasileño dijo adiós al club azulgrana, un adiós prematuro. Ronaldo se incorporó a la disciplina del Inter de Milán y continuó mostrando su brillantez en este y otros clubes a lo largo de su carrera, incluso llegó a firmar con el eterno rival: el Real Madrid. Actualmente es el propietario del Real Valladolid Club de Fútbol.

Salvador Sadurní

Este mito del barcelonismo siempre explicaba que fue futbolero desde la niñez. Empezó a jugar en los Salesianos de L'Arboç, en su escuela. Lo subrayó en una entrevista concedida a la revista *Jot Down* el 20 de febrero de 2024: «Cuando era pequeño no hacíamos nada más que jugar al fútbol, desde que salíamos del colegio. Por las calles y en el campo de fútbol, con las rodillas destrozadas. Y el campo de fútbol era de tierra, eh. No como ahora, que hay unos campos de césped artificial que son unos sitios extraordinarios para jugar. Nosotros esto no lo teníamos». También le gusta recordar que no fue portero siempre: «Yo jugaba de delantero. Me gustaba hacer goles. Como dice mi nieto: quiero jugar de delantero porque así cuando hago un gol me abrazan. En cambio, al portero no le abraza nadie. A mí, un día, no sé por qué, me pusieron allí, de portero, porque era alto y fuerte. Las paré todas y a partir de ese día ya me pusieron de portero siempre». Después vino el juvenil del Vendrell. Prosigue: «Fuimos a probar dos chicos, nos cogieron y empezamos a jugar con el primer equipo y con el juvenil. Mientras jugaba ahí un día se me acercó el señor que llevaba el fútbol del Vendrell, el señor Bové, un gran personaje, en paz descanse, y me dijo: "Escucha, ¿quieres ir a probar con el Barça?". Dije: "Hostia, ¿el Barça? Claro, vamos". Yo tenía quince años, pero parecía que tuviera dieciocho ya».

Salvador Sadurní llegó al Barça el año 1957. Como siempre sucede en estos casos, llegar al club azulgrana conlleva una presión extra, una sombra invisible que debes eludir y unas expectativas elevadas; en su caso, ser considerado voluntaria o involuntariamente el portero sucesor de Antoni Ramallets, otro mito azulgrana de la portería. No afrontó esa presión solo, porque siempre tuvo una fuerte competencia para defender la portería azulgrana, primero con José Manuel Pesudo y después con Miguel Reina. De 1960 a 1976 vistió la camiseta azulgrana. Dieciséis temporadas. La temporada 1961-1962 fue la primera sin Ramallets y la primera de Sadurní a todos los efectos. Debutó como titular del Barcelona el 11 de mayo de 1961, en un partido ante el Real Sporting de Gijón, en El Molinón, donde venció el conjunto catalán por dos a cuatro. Entre sus logros individuales están los tres Trofeos Ricardo Zamora –a portero menos goleado de la liga española– en las temporadas 1968-1969, 1973-1974 y 1974-1975. Una de sus grandes actuaciones fue en la famosa «final de las botellas», de 1968, la de la victoria contra el Real Madrid que acabó con los espectadores del estadio lanzando botellas rotas a los jugadores del Fútbol Club Barcelona. Fue una imagen bochornosa del club afín al régimen de Franco y una victoria que iba más allá de lo futbolístico. En aquel partido Salvador Sadurní fue el héroe. Lo paró todo. Absolutamente todo. El diario *Marca* aseguró que su actuación fue «espléndida» y que «tuvo que acreditar su condición de internacional en varias ocasiones». «Tuve suerte», dice Sadurní, «pero sufrí mucho y pasé miedo porque hubo momentos que el público, indignado con el árbitro –Rigo–, solo hacía que lanzar botellas de vidrio al campo... A raíz de aquella final se prohibió la venta de envases de cristal en los campos». El de L'Arboç aún lo recuerda: «No pudimos dar la vuelta de honor, tuvimos que escondernos en el vestuario. Y eso que, por vez primera, el Barça invitó a nuestros familiares a una final. Teníamos la ilusión de saludarlos y brindarles el trofeo desde el campo, pero no pudo ser».

Con la llegada de Johan Cruyff al Fútbol Club Barcelona, Sadurní pudo presumir de conseguir la única liga de su palmarés. En esa temporada tuvo lugar el famoso cero a cinco del Barça contra el Madrid en el Santiago Bernabéu, el 17 de febrero de 1974. Ahora bien, Sadurní se perdió aquel partido por lesión. En la larga conversación del guardameta con la revista *Jot Down*, con motivo de los cincuenta años de la gesta, explicaba cómo lo vivió: «Yo no había estado nunca lesionado y de repente el codo se me puso enorme. Se ve que tenía una bursitis de tantos golpes, de tanto caer. Me lo tuvieron que abrir; el médico todavía tiembla. El míster me preguntó cómo estaba y le dije que no podía tirarme al suelo porque me hacía mucho daño y que contra el Madrid no puedes salir de esa manera. Me preguntó por Mora. Le dije que estuviera tranquilo, que seguro que lo haría bien. Mora era un buen portero. Lo que le pasaba era que cuando jugaba en el Camp Nou, con toda aquella gente, temblaba. En cambio, cuando jugaba fuera era un fenómeno. Jugó él y jugó muy bien. Yo estaba en el banquillo, de suplente: si le pasaba algo a Mora tenía que salir, porque no había terceros porteros. Éramos dos y ya. Cuando se terminó el partido pensé que había sido tonto porque podía haber jugado igual. Fue de cine. Fue un espectáculo. Porque no era normal ganar en su campo. Nunca ganábamos ahí porque siempre pasaba alguna cosa rara. Recuerdo el silencio que había en el Bernabéu». Fue sustituido por Pere Valentí Mora la noche del famoso cero a cinco contra el Madrid. Así lo explicaba él en una entrevista concedida a *El Periódico* cincuenta años después: «No tenía ni idea de que jugaría, pero tenía muchas ganas de jugar. A las doce del mediodía subió Rinus Michels a la habitación que compartíamos Sadurní y yo. Va al Xato –Sadurní– y le pregunta que cómo estaba del codo. Yo ni prestaba atención, estaba la tele encendida, hacían misa, recuerdo. "¿No estás bien? Pues juega Mora", dijo. Di un respingo. Cuando salió Michels de la habitación le espeté a Salvador: "*Xato, quina putada m'has fotut*". "Tranquilo que lo harás bien", me contestó, animándome. Y así fue».

Se retiró en 1976, a los treinta y cinco años de edad. El 1 de septiembre de ese año el Barcelona le organizó un espectacular homenaje, junto a sus compañeros Antoni Torres y Joaquim Rifé, que también se retiraban. «El homenaje incluyó un partido amistoso ante el Stade de Reims, al que el Barça derrotó por dos a cero. Lo mejor de la noche, qué duda cabe, fue el crepitar de las ovaciones que se dedicaron a los tres homenajeados, a los que el señor Platón, y como quien dice por sorpresa –pues no hubo noticias previas sobre ello–, les impuso la medalla al mérito deportivo, que ciertamente se merecían. Durante el cuarto de hora que actuaron Sadurní, Rifé y Torres, el público ovacionó todas y cada una de sus intervenciones, y, si el guardameta apenas tuvo ocasión de acreditar su clase todavía operante, los dos defensas pudieron acreditar una forma envidiable», explicó al día siguiente la edición en papel de *Mundo Deportivo*.

Samuel Eto'o

«No soy de prometer cincuenta goles, pero correré como un negro para vivir como un blanco mañana, seguro que correré», dijo en su presentación con el Barcelona en agosto de 2004. El delantero camerunés llegaba después de haber triunfado en el Mallorca. El Mallorca ha sido siempre uno de los clubes que ha llevado Eto'o en el corazón y él es el jugador de la historia del club que más goles ha marcado en la liga, un total de cincuenta y cuatro. Fue un ídolo del equipo bermellón, al que llegó después de su paso por las categorías inferiores del Real Madrid. Eto'o jugó con el eterno rival entre los años 1998 y 2000, y salió de malas maneras de donde, según él, no le valoraron lo suficiente. De hecho, en 2007, en una entrevista concedida al diario francés *L'equipe*, Eto'o reconoció que no le sentó bien la negativa del Madrid: «Me fui a Mallorca, y cada vez que jugaba contra el Real Madrid es como si tuviera odio», sostenía el futbolista en la conversación. Seguramente por este hecho el presidente del Barça Joan Laporta, cuando Eto'o fue presentado como blaugrana, mostró su satisfacción por llevarse a un jugador que había sido descubierto futbolísticamente por él. Lo cierto es que, gracias al rechazo del Madrid, seguramente su pulsión por triunfar en el Barcelona fue mayor.

Eto'o siempre fue un futbolista ambicioso, con mucha personalidad y con vocación provocadora, tanto dentro como fuera del campo. En las cinco temporadas (2004-2009) en las que estuvo en el Barça, se erigió como uno de los mejores delanteros de la historia del club. En doscientos dos partidos oficiales marcó ciento treinta y tres goles con la camiseta azulgrana, unas

cifras que le sirvieron para convertirse en el máximo goleador en las ligas 2004-2005 –veinticinco goles, empatado con Diego Forlán– y 2005-2006, donde marcó veintiséis goles. Uno de ellos, que quedó en la retina de los culés, fue el que Eto'o marcó en la final de la Champions de París del 17 de mayo del 2006. Aquel equipo –entrenado por Frank Rijkaard– tenía a Ronaldinho como gran estrella y afrontaba el partido con las bajas de Xavi Hernández y un joven Leo Messi ya en el primer equipo. Fue una final disputada contra el Arsenal donde el conjunto azulgrana sufrió bastante. El camerunés empató el encuentro, que se había puesto cuesta arriba para los azulgranas. Así lo explicaba *La Vanguardia* en su edición del 18 de mayo: «Fue un pase vertical de Iniesta el que permitió a Larsson dejar el balón a Eto'o para que el camerunés lograra algo que había buscado con ahínco durante todo el partido, además de la expulsión de Lehmann. El gol, que se le había negado en un reverso en la frontal seguido de un preciso remate que encontró el palo de Almunia. Eto'o empató y enloqueció y, con él, la marea azulgrana, que empezaba a tocar la copa tras minutos de incertidumbre». Y sentenciaba la crónica: «Eto'o, a quien el año pasado le fue arrebatado el Balón de Oro y el Trofeo Pichichi que había perseguido tal vez con excesiva insistencia, tuvo ayer un gran reconocimiento de la UEFA a su trabajo. El camerunés fue designado mejor jugador de la final, el rey de Saint-Denis, y para celebrar la entronización se envolvió en la bandera de Camerún». El gol de la victoria lo marcó el brasileño Juliano Belletti en lo que suponía el regreso del Barcelona al olimpo europeo. De hecho, aquella victoria volvió a poner al Fútbol Club Barcelona en el lugar que le correspondía y en el que no estaba desde la última Champions ganada con Johan Cruyff en 1992. Habían pasado catorce años de travesía en el desierto de trofeos europeos. El destino le reservaba a Samuel Eto'o otro idilio con el gol en las noches de Champions; esta vez fue tres años después, en la final de la Liga de Campeones del 27 de mayo del 2009. El equipo, entrenado por Pep Guardiola, se enfrentaba al Manchester United de sir Alex Ferguson, toda una institución en el fútbol. Se presentaba una final igualada. Además, Guardiola afrontaba su primer año en el banquillo azulgrana, pero ya había demostrado con creces cómo podía hacer jugar a su equipo. No en vano, aquella temporada se había proclamado campeón de la Copa del Rey y también de la liga. Así que el conjunto azulgrana –con un Leo Messi ya consolidado como líder– afrontaba la final con ganas de ganarla y conseguir el triplete. Fue de nuevo el delantero camerunés –como ya hizo en París– quien dio la estabilidad necesaria al conjunto azulgrana. Después de un inicio contundente del equipo inglés, Eto'o marcó a los diez minutos de juego un gol que le otorgó calma para afrontar el partido con todas las opciones de cara. La final acabó dos a cero y el camerunés levantó su segunda Champions.

Al final de esa temporada, Eto'o y el Barcelona separaron sus caminos. Pep Guardiola consideraba que la etapa del delantero había llegado a su fin. Eto'o fichó aquel año por el Inter de Milán, entrenado por José Mourinho, y volvió a ganar el triplete. De hecho, eliminó al Barça en las semifinales de aquella edición de la Champions League. El delantero camerunés puso punto y final a su etapa como futbolista a los treinta y ocho años tras su paso por el Qatar Sports Club. Fue el 7 de septiembre de 2019 y lo comunicó a través de sus redes sociales. En su mensaje indicó que era el momento de «decir adiós» y que comenzaba un nuevo viaje en su vida, refiriéndose a la transición del fútbol profesional a otras actividades. En su publicación expresó gratitud por su carrera y dio las gracias a todos aquellos que formaron parte de su trayectoria, incluidos clubes, compañeros de equipo y seguidores. Al mismo tiempo, quiso transmitir su entusiasmo por lo que vendría después, dejando claro que seguiría siendo parte del mundo del fútbol, pero desde una perspectiva diferente. Y así fue, porque su vida en los campos quizá ya había acabado, pero surgió un nuevo camino en los despachos. En diciembre de 2021 se convirtió en el presidente de la Federación de Fútbol de Camerún. En este rol trabajó a conciencia para intentar mejorar el desarrollo del fútbol en Camerún y promover el talento local, profesionalizar las ligas y fomentar el crecimiento del fútbol femenino.

Sergi Barjuan

Lateral izquierdo con ruedas de moto en el tren inferior. Rápido, fuerte, explosivo y, como concretan los analistas, «con gran proyección ofensiva»; es decir, que le gustaba subir al ataque.

La noche del 19 de marzo de 1996 Sergi Barjuan vivió seguramente uno de sus momentos más emocionantes –títulos importantes al margen– con la camiseta del Barcelona. «Barjuan pasó anoche a formar parte de la leyenda del Euro-Barça con uno de los goles más importantes y decisivos del cuadro azulgrana en competición internacional», explicaba *Mundo Deportivo*. «Cuando más oscuro parecía el horizonte del equipo, igualada la eliminatoria en el marcador a cuatro goles y con inferioridad numérica ante un PSV que había neutralizado un cero a dos inicial, el defensa azulgrana hizo el definitivo dos a tres que clasificó al Barça para las semifinales de la UEFA.

En Eindhoven se escribió una de las páginas más épicas de los euro-torneos y el Barça hizo historia de su propia leyenda: un golazo de Sergi lo llevó de la agonía a la gloria», sentenciaba el periodista Alberto Sanchís en su crónica. «Sergi realizó un encuentro que recordará siempre el jugador de Les Franqueses. Hizo gala de una condición física extraordinaria y culminó su excelente partido con un gol que pasará a los anales de la historia del FC Barcelona. Toda Europa descubrió ayer al lateral azulgrana». Los aficionados culés ya lo habían descubierto años atrás, en 1993, cuando, después de haber estado en los juveniles del club, en una noche europea contra el Galatarasay, Johan Cruyff –el entrenador que había devuelto el Barça al olimpo de Europa– lo puso de titular contra el equipo turco. La noche del 24 de noviembre de 1993 fue –en el Ali Sami Yen, de Estambul– un bautizo en toda regla para Barjuan El partido terminó en empate sin goles, pero su debut a los veintiún años fue el preludio de todo lo que estaba por llegar. Aquella noche de Champions fue la tarjeta de presentación de un futbolista que estuvo en el club hasta 2002 jugando un total de cuatrocientos sesenta partidos. Cogió con fuerza la banda izquierda y ya no la soltó. Fue un ascenso meteórico de un futbolista que siempre soñó con triunfar en el Barça. Estuvo nueve temporadas como amo y señor de la banda izquierda y es un referente para muchos jugadores –no son pocos– que han tenido la oportunidad de ocupar su sitio años después. La mayoría de analistas coinciden en que Sergi Barjuan es el prototipo de lateral izquierdo para el Barça: velocidad, fuerza, amplitud, juego de combinación.

El palmarés de Sergi Barjuan en el Fútbol Club Barcelona también es como su juego: vertiginoso. Tres ligas, dos Copas del Rey, una Recopa de Europa, una Supercopa de Europa y dos Supercopas de España. Además de sus gestas deportivas, también vivió en persona la otra cara de la moneda: la derrota inapelable, en 1994, en la Final de la Champions contra el Milan, el final del Dream Team de Johan Cruyff.

A lo largo de su carrera, Barjuan tuvo como entrenadores a Bobby Robson, Louis van Gaal, Llorenç Serra Ferrer y Carles Rexach. Si hubiera un *hall of fame* de mejores laterales izquierdos del Barça, su nombre estaría seguramente junto con el de Sígfrid Gracia, Eladio Silvestre, Toño de la Cruz, Julio Alberto, Éric Abidal y Jordi Alba. El carril izquierdo del Barça siempre ha servido para acelerar. Que las nuevas generaciones, como Alejandro Balde o Héctor Fort, sepan ocuparlo como lo hicieron estos futbolistas legendarios del club. Quizá muchos culés fantasean con la idea de que en la ciudad deportiva existe una máquina capaz de coger muestras de su ADN, mezclarlas y empezar a crear clones de Sergi Barjuan para perpetuar la especie en esa banda y ser imbatibles tanto en la liga como en Europa.

Sergio Busquets

Busquets fue de esos ídolos que no quieren serlo, que, por otra parte, son los auténticos ídolos. El mejor mediocentro de la historia del Fútbol Club Barcelona, capaz de desaparecer a ojos del espectador del campo para que el equipo jugara mejor. Azorín dijo hace años que a la hora de escribir «el estilo no es nada»: hay que hacer que todo fluya en un texto sin que se note la técnica. Busquets fue un maestro de la discreción futbolística: era capaz de organizar a su alrededor todo el centro del campo sin apenas hacer ruido futbolístico. Era el talento silencioso. Si mirabas un partido del Barça, había ocasiones en que no sabías si jugaba Busquets.

Llegó al Barça como juvenil en el año 2005, jugó en el filial azulgrana en tercera división y el 14 de septiembre de 2008 lo hizo debutar Pep Guardiola en primera división, en el Camp Nou, contra el Racing de Santander. El partido terminó en empate, con un Fútbol Club Barcelona que en ese momento necesitaba una victoria como el agua después de una primera derrota contra el Numancia. Aun así, el debut de Sergio Busquets dejó al Camp Nou con la sensación de que los cimientos del edificio que estaba construyendo el de Santpedor eran buenos y Busquets se acabaría asentando. Conocedor del oficio y del ADN Barça, aquel día hizo un despliegue de su catálogo, demostrando un liderazgo y una personalidad enorme para un chico de diecinueve años en una posición históricamente exigente y en un club como el Barcelona. El día después del partido Johan Cruyff escribía en su columna de *El Periódico de Catalunya*: «Guardiola no es ni inexperto ni suicida. Ve,

analiza y toma decisiones. Y en el segundo partido de Liga tomó muchas. De entrada, juegan los que están mejor. Tengan la edad que tengan, se llamen como se llamen. A los que ya tenías del primer equipo ya le puedes sumar a Sergi Busquets. Técnicamente superior a Touré y Keita. Posicionalmente, apariencia de veterano. Con y sin balón. Con balón hizo fácil lo difícil: dar salida a uno/dos toques. Sin balón, otra lección: la de estar en el sitio justo para interceptar y recuperar corriendo lo necesario. Y todo esto siendo joven e inexperto. Los mismos pecados que su técnico». Tan lúcido y visionario como siempre, Johan Cruyff. El propio Busquets explicaba en el año 2023, en una entrevista concedida a *La Vanguardia*, algunas interioridades de aquella titularidad contra el Racing en liga: «No me lo esperaba. Llevaba días entrenando con el primer equipo. Había jugado la Copa Catalunya y estaba contento. Pep me dijo: "Quédate entrenando con nosotros, que nos vas a ayudar". El día antes de jugar contra el Racing de Santander me llamó a su despacho y me dijo: "¿Estás preparado para jugar o estás cagado?". Le dije que estaba preparado. Pero ese día no dormí». Terminó sentando en el banquillo a Yaya Touré y en quince años nadie le hizo sombra. Influyeron muchos factores. Para empezar, tuvo la suerte de que esa posición es muy importante en el modelo Barça. También se lesionó poco, un factor que ayuda a ganar continuidad a lo largo de las temporadas. «Siempre he entrenado muy bien y he procurado cuidarme mucho. He sido y soy muy feliz con mis hijos, mi mujer y mi familia. Estar bien en casa y tener una estabilidad emocional también influye».

Setecientos veintidós partidos jugados lo confirman: es el tercer lugar en el podio de los que más encuentros han disputado, después de quince temporadas vistiendo la camiseta azulgrana. Incluso marcó dieciocho goles, aunque esta no fuera su faceta más relevante.

La posición de mediocentro en el primer equipo, como

alguien que no quiere tocar nada, está en el punto de mira desde que se fue. Y huérfana. Nadie osa pronunciar la frase «Hay que buscar a un nuevo Busquets», porque sería como buscar a un nuevo Messi. Se trata de llenar su vacío, bien de otra manera, bien creando el entorno futbolístico adecuado para minimizar su ausencia. Busquets era principio y final. Origen y destino. Un mediocentro sencillo y discreto que gobernó partidos sin necesidad de hacerse visible. A la Agencia EFE, en 2023, después de retirarse, le dijo: «El fútbol me ha dado muchas alegrías, muchos amigos y momentos únicos. Siempre he soñado con poder ser futbolista porque era mi pasión desde pequeño, lo que he vivido en casa, en la familia, y lo que luego hacía con mis amigos. Mi padre siempre nos decía: "Podéis ser lo que queráis menos porteros, que se sufre mucho". Desde pequeño siempre tuve claro que no quería ser portero, que quería ser jugador y marcar goles. Bueno, lo de goles, ahora ya no tanto». También señaló lo más difícil de jugar de mediocentro: «Jugar en una posición que requiere un poco saber manejar el equipo ha hecho que me fuera influyendo y que me fuera interesando ser entrenador. El preparar las cosas, tenerlo todo controlado».

Después del Barça, Sergio Busquets fichó en el año 2023 por el Inter de Miami, de la Major League Soccer, donde juega su amigo y excompañero en el mejor Barça de la historia Leo Messi. Siempre ha confesado su deseo de intentar ser entrenador cuando se retire. Cree que tiene condiciones y que está capacitado. Al menos, de sacarse el carnet con la intención de sentarse en los banquillos y, quién sabe, de sentarse algún día en el azulgrana.

Igual que con Pep Guardiola en el Dream Team, ver jugar a Sergio Busquets era como tener un cordón umbilical invisible que unía el banquillo con el terreno de juego, una prolongación del entrenador sobre el césped. Así fue Busquets hijo. Porque, para una generación de culés, Sergio era el hijo de Carlos

Busquets, uno de los porteros que tuvo el gran Dream Team de Johan Cruyff. Se hizo famoso, entre otras cosas, por vestir con pantalones largos en los partidos y porque en el año 1995 salió en portada de los periódicos asegurando que se había quemado con una plancha cuando evitó que cayera encima de su hijo. Con el paso de los años, algunas fuentes explicaron que el motivo real de las quemaduras en las manos no fue una plancha, sino un accidente de moto, algo totalmente prohibido para los futbolistas por sus clubes.

Víctor Valdés

«¿Qué resultado de tu carrera cambiarías?», le preguntaron a Víctor Valdés en una entrevista, en el año 2015, en la cadena RCN: «No cambiaría un resultado, cambiaría una maldita jugada. La del día que me lesioné. El 26 de marzo de 2014. Yo aquel día era el capitán del Barcelona –partido contra el Celta de Vigo–. Empezó así: el árbitro pitó penal, yo salgo y le digo al línea: "¡Ey, revisen porque fue afuera!". Corrigen, lo señalan como libre directo. Ahí cambió mi vida, porque en esa falta yo atajé el balón y me lesioné. Y, si hubiera sido penal, yo no me habría lesionado. Te cambio haber sido el capitán, porque sin el brazalete no hubiera dicho nada... Y te das cuenta cómo el mundo del fútbol te hace sentir como un lisiado. La lesión de rodilla me hizo volver a sentir lo que es la vida no siendo futbolista. Me fui a recuperar a Alemania. Yo vivía en un hotel, tenía que coger un tranvía para ir a la clínica. Y, gracias a la actitud de la gente en Augsburgo, yo pasaba desapercibido en la calle, en todos lados. Y doy gracias a Dios que al final del día volvías a tocar monedas. Después de muchos años empezabas a valorar lo que valía un simple tique de tranvía. A pagarte un café. Cosas que no estabas acostumbrado: los futbolistas vivimos un mundo irreal. Nos lo dan todo hecho, sencillo, te alaban. Te sientes cómodo en cualquier sitio. A mí la lesión me hizo volver al mundo real. El fútbol te aparta, te has lesionado la rodilla y en la cara te dice: "Fuera, tú ya no vales"». La lesión de la que habla el que fue portero del Fútbol Club Barcelona tuvo lugar en un partido de liga contra el Celta de Vigo. Aquello fue, de la manera más

inesperada y fortuita, el final de su carrera deportiva, y en el club de su vida. Se cerraba de forma prematura una historia de amor entre Valdés y unos colores.

El guardameta, considerado, junto con Antoni Ramallets, como el gran portero de la historia del Fútbol Club Barcelona, jugó un total de seiscientos seis partidos –oficiales y oficiosos– con la camiseta azulgrana, durante trece temporadas, antes de dejar el club por culpa de esta lesión. Fue un portero seguro que ofrecía todas las garantías defensivas al equipo y que no mostraba nunca signos de flaqueza por más que el rival acechara el área del Barça. Un joven de carácter insolente, valiente y de personalidad fuerte: cualidades imprescindibles para alguien que quiera aguantar la presión de la portería del club azulgrana. Siempre tenía la mirada puesta en aquel niño que empezó a defender los palos de la portería culé en julio de 1992, con solo diez años de edad, procedente de la peña barcelonista Cinc Copes. En septiembre de ese mismo año, sin apenas comenzar la temporada, se vio obligado a dejar el club, ya que su familia se trasladó a vivir a Tenerife durante tres años por motivos personales. Durante su estancia en la isla formó parte de las categorías inferiores de la U. D. Ibarra. En 1995 regresó a Barcelona y se reincorporó al club para jugar en diversos equipos de las categorías inferiores. Fue entonces cuando empezó la relación estable de Valdés con el Barça. Escaló hasta la portería del filial y empezó a jugar con el primer equipo en agosto del 2002, pero durante la temporada 2002-2003 fue alternando la titularidad en la portería blaugrana con el guardameta argentino Roberto Bonano. Durante esta primera etapa con el primer equipo contó con la absoluta confianza del entrenador Louis van Gaal (aquí es donde alternaba participaciones con el filial).

Su estreno en el olimpo del fútbol culé fue el 14 de agosto de 2002, en un partido de previa de la Champions ante el Legia de Varsovia. «Van Gaal apostó por cinco jugadores de la cantera en el estreno oficial en el Camp Nou: Víctor Valdés, Carles Puyol, Fernando Navarro, Thiago Motta y Xavi Hernández compusieron el repóquer de canteranos con los que el técnico holandés se jugó el futuro azulgrana en la Champions. El que más presión tenía era el meta Víctor Valdés, que había sentado a Robert Enke en el banquillo y había dejado a Roberto Bonano fuera de la convocatoria. Hizo una salida a destiempo, pero luego salvó un gol en un momento clave del partido. La grada le brindó todo el apoyo posible. Comenzó algo titubeante, especialmente en el juego con los pies, pero acabó afianzándose bajo los palos y estuvo providencial al salir valientemente ante Kucharski en una jugada que podría haber significado el gol del empate», explicaba *Mundo Deportivo*. El Barça ganó tres a cero.

En su primera etapa, la nota predominante fue que combinaba buenas intervenciones con jugadas propias de un joven nervioso por debutar con el primer equipo, pero se fue consolidando como propietario de la portería. Valdés lo tenía todo para triunfar: seguridad y autoridad, agilidad, reflejos, sangre fría y una gran intuición. Su debut en la primera división española fue el 1 de septiembre de 2002 en un partido entre FC Barcelona y Atlético de Madrid que terminó dos a dos.

Fue otro técnico holandés, en este caso, Frank Rijkaard, quien le dio la vara de mando en el equipo. En la temporada 2004-2005 Víctor Valdés se convirtió en titular indiscutible. Además de los logros personales, llegaron también los del equipo, sobre todo en la liga de primera división. Con Rijkaard y un estilo inconfundible en el campo, Valdés se preparaba para afrontar el que era hasta entonces uno de sus mayores retos profesionales en el mundo del fútbol: una final de la Champions, en París, contra el Arsenal, el de mayo de 2006. «Henry exigía reiteradamente a Valdés, que sostuvo a su equipo con una actuación memorable», escribían en *EL PAÍS*. «Todos habían acudido a París a ver a Ronaldinho y a Henry. El francés puso a prueba a Valdés con dos disparos que hicieron revolverse a más de uno en la grada. El portero respondió con acierto, como lo hizo en el segundo tiempo en un mano a mano que pudo sentenciar definitivamente el choque. Más allá de los goleadores, si el Barcelona ganó esta final fue por Valdés», resumía el diario *AS*.

Valdés –como Ramallets– consiguió cinco veces el Trofeo Zamora –a portero menos goleado de la liga de primera división–. Con el paso de los años, Valdés se fue consolidando como el portero ideal para un equipo como el Fútbol Club Barcelona, de aquellos que tienen que estar siempre atentos porque siempre intervienen poco, pero deben mantenerse despiertos porque nunca se sabe cuándo llegará el ataque del rival. Con Pep Guardiola en el banquillo alcanzó la gloria futbolística. También lo dijo él en diversas ocasiones: «Pep es el técnico que más me ha marcado».

Además de los trofeos individuales, hay diversas fechas señaladas en el calendario que fueron importantes para Víctor Valdés: el 8 de noviembre de 2008, frente al Real Valladolid, alcanzó su partido doscientos con el Barcelona, siendo el portero más joven de la historia del equipo azulgrana en conseguirlo. Según el club, los suyos han sido quinientos cuarenta partidos oficiales y cuatrocientos cuarenta y dos goles recibidos, una media extraordinaria. La temporada 2008-2009 se la conocen de memoria los culés: es la temporada del triplete, la de la Champions de Roma. Y Valdés también estuvo allí. Y Guardiola lo convirtió en el portero del mejor equipo del mundo. O en el mejor portero del mejor Barcelona de la historia. Y en 2011 volvió a conseguir la Champions, esta vez en Wembley. Y en la siguiente temporada (2011-2012) estableció un nuevo récord entre los porteros blaugrana: permanecer ochocientos noventa y seis minutos sin encajar ningún gol en competiciones oficiales.

Se llevó consigo seis ligas, tres Champions League, dos Copas del Rey, dos Mundiales de Clubes, dos Supercopas de Europa, seis Supercopas de España y cinco Copas Catalunya. El 17 de enero de 2013, aún con contrato en vigor, Valdés hizo pública su decisión de no renovar su contrato con el Barcelona. Fue una decisión que muchos aficionados no terminaron de entender. Los mecanismos mentales de Valdés obedecían a otros criterios más allá de los convencionales. Después de la grave lesión, el portero hospitalense dejó el club y empezó un viaje tortuoso por un presente que se le complicaba y un futuro exitoso que parecía no volver a llegar nunca. Estuvo en el Manchester United, en el Standard de Lieja, en el Middlesbrough, pero el vínculo entre Valdés y la excelencia se había roto. Finalmente, el 3 de enero de 2018, se retiró del fútbol.

Tampoco ha tenido suerte de momento con su experiencia en los banquillos. Se definió como un técnico muy exigente y ambicioso cuando fichó por el juvenil A del Barça, pero lo cierto es que sus métodos no terminaron de cuajar y fue despedido al cabo de tres meses al frente del equipo. En la entrevista del 2015 concedida a la cadena colombiana RCN Valdés seguía sincerándose: «Me gustaría volver a nacer y darle la vuelta a lo que ha sucedido; si volviese a nacer, no volvería a ser portero. Mi historia con el fútbol se resume a que me hicieron creer que servía y por circunstancias de la vida fui subiendo hasta ser profesional. Tuve la suerte de que confiaron en mí. Pero no es un camino fácil y seguramente no me han compensado los años que he sufrido con lo que ha ido bien. Si te tuviera que hablar de fútbol, te hablaría de miles de momentos de sufrimiento».

Xavi Hernández

Se hizo popular hace unos años en las redes sociales una sentencia que decía «cuando Xavi gane el Balón de Oro, lo pasará». No lo ganó nunca a pesar de merecerlo, pero seguramente define a la perfección su relación con la pelota.

Exponente del juego asociativo blaugrana, ha sido el mejor centrocampista del mundo durante años y, además, en lo extrafutbolístico, ha mostrado un compromiso con la camiseta azulgrana desde que ingresó en el club con once años en las categorías inferiores para jugar de centrocampista. Tiene todos los ingredientes para ser considerado una leyenda culé. Veinticinco títulos como barcelonista, entre los cuales se incluyen cuatro Ligas de Campeones, ocho títulos de liga, seis Supercopas de España, cuatro Copas del Rey, dos Supercopas de Europa y dos Mundiales de Clubes que llenarían muchas líneas de LinkedIn.

Xavi nació culé y se formó culé, y el 18 de agosto de 1998 llegó el día con el que sueñan a diario miles de niños que juegan al fútbol: debutó con el primer equipo, en el partido de ida de la Supercopa de España contra el Mallorca. Fue una derrota por dos a uno. «El gol de Xavi Hernández allanó el camino para resolver la Supercopa en el Lluís Sitjar, pero una segunda mitad en la que se descubrieron muchas carencias del vigente campeón de liga y Copa dejan la eliminatoria en el aire. El técnico holandés volvió a demostrar que confía ciegamente en el Noi de Terrassa. El domingo lo sacó de la playa –aún le quedaban tres días de vacaciones–, le hizo entrenar el lunes y, ayer martes, le dio la responsabilidad de dirigir al equipo

ante el Mallorca. Xavi devolvió al míster la confianza cuajando un más que meritorio partido y marcando un excelente gol», explicaba *Mundo Deportivo*. El Barça no pudo remontar en el Camp Nou en el partido de vuelta. Aquel gol de Xavi en su debut no sirvió para el equipo ni para el entrenador.

Sí fue muy recordado y, sobre todo, más decisivo –a corto y largo plazo– el que consiguió contra el Valladolid en la decimoquinta jornada de la liga 1998-1999. Aquella temporada el equipo había empezado mal la liga. Era décimo en la clasificación después de catorce jornadas. Aunque nadie lo verbalizara, el tan famoso entorno azulgrana había interiorizado que, si no se ganaba, Louis van Gaal sería despedido por el presidente Josep Lluís Núñez. Aquel gol de Xavi en Zorrilla sirvió para comenzar la remontada que terminó con el título liguero en las vitrinas azulgranas.

La temporada 1999-2000 fue la de su consolidación: una lesión de Guardiola –otra sombra que también le ha perseguido–, que estuvo de baja varios meses, le abrió las puertas de la titularidad. Y, además, cuando Pep decidió dejar el Barça, el centrocampista de Terrassa empezó a tomar medidas en el once titular y también en la sala de mandos del equipo. Además de Van Gaal, Xavi también jugó a las órdenes de otro técnico holandés: Frank Rijkaard, que llegó al Barça en 2003 con la presidencia de Joan Laporta. El entrenador no tuvo mucha sintonía con Xavi en sus inicios, aunque el centrocampista de Terrassa siempre ha reconocido que Rijkaard le avanzó la posición en el campo unos quince o veinte metros y es cuando él empezó a sentirse importante dentro del equipo.

Fue a partir del 2008, con la llegada de Pep Guardiola al banquillo, cuando Xavi enseñó al mundo todo su catálogo de habilidades futbolísticas. Guardiola exprimió al máximo el talento de Xavi Hernández –y de todos sus compañeros–, convirtiéndolo en el metrónomo del centro del campo. «Yo siempre he jugado del mismo modo, pero ahora Pep quiere que no baje tanto. Quiere que juegue entre líneas porque es allí donde hago daño. Quiere que juegue más adelantado para hacer el último pase. Ahora mismo me siento con muchísima confianza de cara a portería. Y quizá sí que te ves convencido de que llegarás al área y marcarás. Estoy en una buena racha y lo he de aprovechar. Debo subir más al ataque y chutar más», resumía en 2008 en una entrevista concedida a la Agencia EFE.

Fueron cuatro años donde se consiguieron catorce títulos con un equipo que encandiló al mundo entero y que será recordado, entre otras cosas, por la fotografía del 10 de enero de 2011, cuando Xavi Hernández, junto a Leo Messi y Andrés Iniesta, eran reconocidos en Zúrich como los tres mejores jugadores del mundo de 2010. El máximo galardón se lo llevó el argentino.

Cuando se fue Pep Guardiola, el ciclo del Barça se tambaleó. El papel de Xavi seguía siendo el mismo, pero con el paso de los años la exigencia era menor y, tras diversas etapas, en el año 2014 llegó el último técnico que ha tenido Xavi Hernández: Luis Enrique. La temporada 2014-2015 fue la última de Xavi y también se cerró con un triplete. El equipo de Luis Enrique ganó la liga, la Copa y la Champions. Fue un año en el que no estaba previsto que Xavi jugara, porque había decidido marcharse; sin embargo, el 22 de julio, después de conversar con el recién nombrado entrenador y excompañero de equipo Luis Enrique, Xavi finalmente reconsideró su decisión. No tuvo mucha participación y, además, el técnico ya le advirtió a principio de temporada de que no entraría en sus planes, pero el 6 de junio 2015 Xavi levantó la Champions en el cielo de Berlín después de que el Barça ganara a la Juventus tres a uno en la final. Dos semanas antes, el 21 de mayo, había comunicado –esta vez sí– en rueda de prensa que abandonaba la nave azulgrana.

«Confirmo mi salida del Barcelona. Es una decisión definitiva y difícil. No ha sido una decisión sencilla ni fácil. Lo he consensuado con mi mujer, con mi familia, con los míos. Pero es el momento de marcharme». Y añadía: «Cuando todos hablabais de equipo de gala, yo ya no aparecía allí, y eso ha sido un hándicap para mí. Me ha costado asumirlo, pero he tirado de humildad para seguir trabajando y pensar únicamente en el colectivo». Además, en su comparecencia también anunció que su futuro estaba en el Al-Sadd, de Catar: «Me siento útil e importante, pero es el momento de cambiar de aire. Es el momento de marchar. Cuesta mucho tomar esta decisión. Tenemos un proyecto ilusionante en Catar, he firmado un contrato por las próximas dos temporadas, con opción a una más. Y también tengo un proyecto con la academia Aspire para seguir formándome como futbolista», anunció. El centrocampista dio las gracias al club y reveló que tenía una oferta de renovación hasta la temporada 2018. «Mi objetivo es volver a esta casa, de entrenador o de director deportivo, pero quiero seguir vinculado a esta casa». Y volvió. Concretamente en noviembre del 2021 fue contratado para entrenar al primer equipo del Fútbol Club Barcelona.

Su trayectoria como técnico ha sigo irregular, pero deja en el palmarés una liga y una Supercopa. Además, desde que cogió las riendas del primer equipo puso los cimientos de una nueva generación de campeones, porque hizo debutar a muchos futbolistas jóvenes formados en el club, como Lamine Yamal, Pau Cubarsí, Fermín López o Marc Guiu, que empezaron a despuntar con él y serán importantes en el Barça del futuro. Xavi Hernández fue nombrado, en abril de 2024, embajador de la Fundació del Fútbol Club Barcelona. Según el club, el nombramiento es un reconocimiento a la faceta más humana y solidaria del actual técnico azulgrana, desde que debutó en el primer equipo, pasando por la Masía, y a los casi veintinueve años de historia azulgrana como jugador, con los que se ha convertido en una leyenda del fútbol en general y del Barça en especial.

Zoltán Czibor

En los años cincuenta los bautizados por todos los cronistas de la época como Magiares Mágicos dominaban de forma apabullante el fútbol mundial. Como recogía el periodista Frederic Porta en *L'Esportiu* el 8 de junio de 2013, los englobaba «Gustav Sebes, forjado en la más pura ortodoxia soviética, que consiguió que el gobierno de su país juntase todo el talento de una generación en el llamado Honved, equipo del ejército húngaro con el que recorrió Sudamérica cuando se escaparon de Hungría durante la revolución de 1956». Zoltán Czibor, junto a algunos de sus compañeros, fue refugiado futbolístico. Tras huir de la Europa del Este, el delantero llegó al Fútbol Club Barcelona en 1958, con veintinueve años, junto a otra perla húngara, Sándor Kocsis, después de que Kubala lo convenciera para venir una vez que acabó la inhabilitación de dos años que le impuso la FIFA por haber huido de Hungría.

Apodado «el Pájaro loco», como le llamaban por su pelo encrespado y sus malabarismos futbolísticos, fue uno de los mejores extremos de la historia del fútbol y del primer equipo culé. Era un futbolista zurdo. Tenía capacidad para centrar con precisión y también un excelente disparo a puerta. Consiguió fichar por el Fútbol Club Barcelona la temporada 1958-1959.

Czibor formó parte de un equipo de leyenda, en el que coincidió con Luis Suárez, Antoni Ramallets, Ladislao Kubala y Evaristo, entre otros. En 1959 Czibor ganó la primera Copa de Ferias; en 1959, una Copa de España y la liga, haciendo así el doblete nacional, y, en 1960, una liga y otra Copa de Ferias, consiguiendo un doblete internacional.

Ahora bien, también será recordado por haber participado en una de las grandes citas futbolísticas junto con su compañero, el también húngaro Kocsis, el 31 de mayo de 1961. Aquel día el Barça disputaba en el estadio Wankdorf, de Berna, su primera final de la Copa de Europa. En aquella época esta competición era un monólogo del Real Madrid, que ganó las cinco primeras. Enfrente estaba el Benfica, con el que asomaba el nuevo poder del fútbol portugués. El partido terminó tres a dos. Los dos jugadores húngaros tenían un mal presagio antes del partido; siete años antes, en el mismo campo, habían perdido la final del Mundial de 1954 contra Alemania. Casualidad o maldición, los goles los marcaron Kocsis y Czibor, lo mismo que ante Alemania. Casualidad o maldición, en la final del 54 Hungría también había estrellado dos balones en los postes de aquel campo de fútbol, como ocurrió en la final de Berna. La conocida final de los postes cuadrados, una forma que en principio estaba denostada en muchos sitios; entre otros, España. La FIFA los prohibió posteriormente en todos los estadios del mundo y los sustituyó por los ovales actuales; sobre todo porque, según la organización, los postes cuadrados podían provocar daño a los jugadores.

Czibor estuvo tres años en el Barcelona, jugó noventa y cuatro partidos y marcó cincuenta y siete goles. Tras dejar el Barça, en 1961, fichó por el Espanyol y luego recaló en el fútbol austriaco, el suizo y el canadiense, en el Toronto. A principios de los años noventa regresó a Hungría, donde vivió retirado.

Nacido el 23 de agosto de 1929 en Kaposvar e hijo de un jefe de tren, el joven Zoltán se inició en el atletismo, aunque a los trece años ya actuaba en un equipo de la segunda división de fútbol. Antes de ser futbolista, Czibor fue campeón de salto de altura.

En el año 2014 se estrenó en Budapest el documental *Húngaros por el Barça*, que repasa la historia de los astros Ladislao Kubala, Zoltán Czibor y Sándor Kocsis, que vistieron de azulgrana. Tal y como recuerda la página oficial del Fútbol Club Barcelona, además de Czibor, Kocsis y Kubala, cuatro jugadores húngaros más han vestido los colores del Barça. Son Ferenc Plattkó, György Szeder, Ladislao Kaszner y Tibor Szalay. También ha habido hasta tres técnicos diferentes procedentes de Hungría sentados en el banquillo del Barça: Jesza Poszony (1923 y 1924), Ferenc Plattkó (1934-1935 y 1955-1956) y el mismo Ladislao Kubala (1962-1963 y 1980).

ENTRENADORES

Johan Cruyff

La persona más influyente del fútbol contemporáneo. Cruyff fue un hombre que cambió la historia moderna del Barcelona, como entrenador y como jugador –cambió el ritmo de juego–, cuando se incorporó al equipo en 1973, proveniente del Ajax de Ámsterdam, y el club conquistó su primera liga después de trece años.

Fue determinante como entrenador, cambió la mirada sobre el fútbol. Se sentó en el banquillo en 1988 y en sus ocho años como técnico azulgrana conquistó la primera Copa de Europa de la historia del club. Además, construyó lo que para muchos es el mejor equipo de la historia: el Dream Team. «El gran valor que aportó Johan es que hizo que, si el primer equipo jugaba así, toda la base tenía que jugar así. Este es el gran legado». Lo dijo uno de sus discípulos, Pep Guardiola, en *La Vanguardia* el 20 de agosto de 2023. «En la táctica era bueno. Solo faltaría. Pero lo mejor de él era la psicología de cómo, a cada uno, decirle lo que le convenía en función de lo que hemos vivido, de lo que estamos viviendo, de lo que quizá viviremos, individualmente, colectivamente...». El gran mérito del Dream Team no fue solo ganar todo lo que ganó, que fue mucho. «La verdadera aportación que hicimos esa generación de jugadores fue cambiar la mentalidad del club, de la afición. Antes, el Barça era un club perdedor, que siempre buscaba disculpas para justificar la ausencia de títulos. El Dream Team devolvió a la afición culé su orgullo, su seguridad, una identificación con un equipo que jugaba a hacer espectáculo y salía siempre a ganar». Lo que está claro es que no solo fue todo lo

que consiguió, sino también cómo lo consiguió. «El fútbol es un juego que se juega con el cerebro. Debes estar en el lugar adecuado, en el momento adecuado. Ni demasiado pronto ni demasiado tarde».

Todo empezó el 5 de septiembre de 1973, cuando el delantero Johan Cruyff disputó los primeros minutos como jugador azulgrana en un partido amistoso entre el Barcelona y el Círculo de Brujas. El resultado final fue de seis a cero, pero lo más destacable fue sin duda el juego del astro holandés. Fue un debut soñado en el Camp Nou y frente a setenta y cinco mil personas. Convertido en un líder sobre el campo, Cruyff hizo vibrar a los seguidores culés y además marcó dos goles esa noche, uno de ellos de penalti. Su debut, tan solo una pista del legado que dejaría su trayectoria –de momento, como jugador– en Can Barça. Vestido de corto devolvió la ilusión al barcelonismo al ganar una liga española, la de la temporada 1973-1974, la del cero a cinco en el Santiago Bernabéu contra el Real Madrid, la del gol del «Holandés volador» contra el Atlético de Madrid. El neerlandés vistió de blaugrana cinco temporadas (1973-1978) y ganó dos títulos: la liga de 1973-1974 y la Copa de 1977-1978.

Pero el legado de Johan Cruyff como entrenador en el Fútbol Club Barcelona logró superar el listón del propio holandés vestido de corto. El 4 de mayo de 1988 fue contratado como técnico del primer equipo. El día de su presentación, Cruyff dejó caer: «Ahora soy más listo que antes. Los errores que cometí en mi época como jugador del Barça, seguro que ahora no los cometería». Estuvo hasta el final de la temporada 1995-1996. Si echamos un vistazo a la web del Fútbol Club Barcelona, comprobaremos que su llegada fue revolucionaria: «La incorporación de la antigua estrella holandesa fue el preludio de una renovación total y absoluta de la plantilla. Antes de la temporada 1988-1989 se marcharon diecisiete jugadores: Archibald, Calderé, Clos, Manolo, Hughes, Gerardo, Moratalla,

Pedraza, Urruti, Rojo, Amarilla, Cristóbal, López-López, Nayim, Fradera, Víctor y Schuster. Solo siguieron nueve: Migueli, Alexanko, Zubizarreta, Roberto, Urbano, Salva, Julio Alberto, Carrasco y Lineker». Se incorporaron más de una decena de futbolistas para empezar la temporada: José Mari Bakero, Luis López Rekarte, Txiqui Begiristain, Julio Salinas, Eusebio Sacristán, Miquel Soler, Ernesto Valverde, Juan Carlos Unzué, Ricardo Serna, Aloísio y subieron del filial Luis Milla, Guillermo Amor, Jordi Roura y Pepe Serer. También llegó Manolo Hierro, pero no llegó a debutar. «El dinero debe invertirse en el campo, no en el banco», solía decir Cruyff. Lo cierto es que, con estos y otros cambios que fue introduciendo a lo largo de estos ocho años, su mítico Dream Team ganó once títulos: la primera Copa de Europa del club, cuatro campeonatos de liga, una Recopa de Europa, una Supercopa de Europa, una Copa del Rey y tres Supercopas de España.

«¿Jugar para ganar o para disfrutar? Se trata de un debate falso. Hay algunos equipos que siempre tienen que luchar para ganar y, al final de la competición, tienen que estar allí, en el grupo de cabeza. Eso es lógico y, además, se lo imponen su prestigio, su historia o los medios de que disponen. Pero ganar siempre debe estar relacionado con pasarlo bien». Su relación con los *cracks* del equipo también dejó un infinito río de anécdotas. Uno de los primeros que fichó fue Hristo Stoichkov, que recordaba así, en una entrevista concedida a *Relevo*, su relación con Johan Cruyff: «Él intentaba de alguna manera sacar provecho de cada jugador. Muchas veces en los entrenamientos te machacaba, te echaba, luego hablaba en la prensa: este ya no vale, mejor que se vaya, que yo marcaba dos goles y no había jugado nada. Pero, claro, al final cuando tú te sientas frente a él y te empieza a explicar las cosas, te dabas cuenta de que tenía razón». También le recordaron aquella vez que Cruyff le ganó una apuesta porque no marcó dos goles en un partido. «Claro. ¡Me robó cien mil pesetas! En Tenerife.

"Hoy voy a meter dos goles", le dije. Estaba convencido por cómo estábamos jugando. Apostamos y mira. Al principio del segundo tiempo ganábamos dos a cero, marqué un gol y a los treinta segundos me quita y me dice: "Cien mil me las vas a pagar ahora mismo". No me dejó marcar más».

En la memoria de muchos aficionados culés aparecen las instantáneas de los momentos más emocionantes de la historia del club. La Champions de Wembley, ganada en el minuto ciento once con el gol del holandés Ronald Koeman, el dramatismo en el Camp Nou de las tres ligas ganadas en la última jornada, prácticamente en el último minuto, dos de ellas gracias a una victoria del Tenerife contra el Real Madrid, y la otra liga –la cuarta consecutiva–, ganada gracias a un penalti fallado por el Deportivo de la Coruña que hizo estallar el Camp Nou de alegría en mayo de 1994, y el cinco a cero al Real Madrid aquella noche de enero de 1994, con dos goles de Romário.

«Mis delanteros solo deben correr quince metros, a no ser que sean estúpidos o estén durmiendo…», defendía siempre el holandés. «Ningún equipo corre tan poco como el Barcelona. Tienen siempre el balón. Son ellos los que marcan el ritmo del partido y deciden dónde se juega. Solo hay un balón y quien lo tiene decide». Correr bien, no correr mucho.

También se recuerdan momentos más tristes, como el ataque al corazón que sufrió en 1991 y la intervención de urgencia a la que le sometieron, lo que llevó a la imagen del chupa-chups en la boca, que sustituía al cigarrillo. Y, en el terreno futbolístico, la derrota en la final de Atenas de 1994, el final del Dream Team.

Sobre su filosofía futbolística hay un alud de libros escritos y muchas frases, algunas anecdóticas, pero con mensaje, para resumir su mirada diferente sobre el fútbol: «Si el adversario tiene un delantero sobresaliente y otro notable, lo normal sería emparejar a nuestro marcador sobresaliente con el sobresaliente de ellos y al defensor notable nuestro con el delantero notable del rival. Pues no. El sobresaliente nuestro marcará al notable de ellos. Así tendremos un problema menos». Para el recuerdo también quedan dos imágenes icónicas de Cruyff como técnico de la institución culé: una de ellas, vestido con la equipación de entrenamiento del Barcelona y sentado encima de una pelota; la otra, durante los partidos, dando instrucciones desde la banda con la gabardina puesta y un chupa-chups en la boca. También le puso nombre al circo de informaciones y rumores que rodean de manera endémica al Barça: el entorno.

«Nunca debemos olvidar que el fútbol es un deporte que implica muchos fallos y en el que los aciertos pueden llegar a tener tanta trascendencia como los errores». Cruyff se equivocó poco. Y nos hizo disfrutar mucho.

Lluís Cortés

Fue el hombre que le regaló al Barcelona muchas primeras veces. Y –como dice el tópico– la primera vez nunca se olvida. O no debe olvidarse. Lo sabe bien Cortés, arquitecto y responsable de la primera UEFA Women's Champions League del Barça, conseguida el 21 de mayo de 2021 en la final de Göteborg. Aquello significó un auténtico hito para él –primer entrenador español en ganar una Champions femenina–, para el fútbol femenino y también para el club azulgrana, puesto que se convirtió en el primer club que conseguía la Champions en categoría masculina y femenina.

¿De dónde salía Lluís Cortés? Se formó en la Unió Esportiva Lleida y jugó en el equipo de su tierra desde los tres años hasta los dieciocho. La *Terra Ferma*. Llegó incluso a debutar con el primer equipo en segunda división siendo juvenil. Entrenó a varios equipos del fútbol base de la Unió Esportiva Lleida, club en el que ya inició su contacto con el fútbol femenino como segundo entrenador del primer equipo femenino del club. Tras su paso como entrenador y coordinador del CF Balaguer, cogió las riendas de la selección catalana sub-12 en la temporada 2011-2012 y ascendió a la sub-16 en la temporada siguiente y a la sub-18 en el siguiente curso, donde mantuvo el cargo durante cuatro temporadas y se proclamó campeón de España.

Entró en el Barça en 2017 como analista del equipo femenino, y dos años después, en 2019, se incorporó al *staff* del primer equipo. En una entrevista concedida al diario *El Mundo* repasaba sus inicios: «Entro en el Barça después de tres temporadas en que el femenino no había ganado nada. Cero títulos. Y el primer año con Fran Sánchez ganamos una Copa. En cuatro años de profesionalización del Barça femenino, solo se había ganado una Copa de la Reina».

Cuando el club destituyó a Fran Sánchez, Cortés cogió el timón del grupo, donde jugaban, entre otras, Alexia Putellas, Melanie Serrano –quinientos catorce partidos disputados con la camiseta azulgrana–, Vicky Losada y Jennifer Hermoso. «Asumí la dirección del equipo en enero de 2019. Cambiamos cosas a nivel de entrenamiento, sobre todo la mentalidad. Pasamos a ser un equipo ganador, que creía en su modelo de juego sin tener tanto en cuenta a sus rivales, y sobre todo dando la vuelta a esa sensación de inferioridad que podía haber respecto al Atlético de Madrid o el Athletic Club, que eran quienes estaban ganando los últimos años. Y después también respecto a los grandes rivales de Europa. Y eso se acabó consolidando. No fue perdiendo la final contra el Olympique de Lyon en 2019 –cuatro a uno–, aunque supusiera un refuerzo increíble, sino al año siguiente, cuando el Wolfsburgo nos eliminó en semifinales pese a dominar nosotras el partido. Alexia lo dijo muy bien entonces: "No hay distancia". Y ese fue el momento donde realmente consolidamos el proyecto».

La noche de la final de la Champions, el estadio de Göteborg presentaba un aspecto inmejorable. Todas querían demostrar que habían pasado página y que el ciclo giraría. El diario *Sport* lo resumía de esta manera: «Dijeron que volverían a una final. Que aprendían de cada derrota. Que eso las hacía más fuertes. Que el camino las iba a llevar a ser las mejores de Europa. Y hoy, solo dos años después de encajar un varapalo importante en Budapest, en su primera gran cita europea, han demostrado que todas esas frases no eran simple palabrería. El Barça aprendió la lección de las mejores. Tomó nota del todopoderoso Lyon, que las liquidó en media hora del campo, y no quiso ser menos ante el Chelsea». El Barcelona hizo historia y goleó cero a cuatro al equipo inglés. «Solo así se explica por qué a los treinta y cinco segundos. Sí, solo treinta y cinco segundos, el balón ya se había colado en la portería de Berger. O que a la media hora el resultado fuera de cero a cuatro después de una exhibición y un baño de época, al más puro estilo Barça, con circulación rápida de balón y fútbol ofensivo». En la rueda de prensa posterior al partido, Cortés lo resumía de esta manera: «Mi idea era mostrar a estas chicas que, algún día, si se quiere se puede llegar a este nivel. Es algo de lo que estoy muy orgulloso». Aquella temporada se cerró con un triplete. La cruz de la moneda fue que, un mes y medio después de levantar la orejona, Cortés anunció que dejaba el Fútbol Club Barcelona. Así lo justificaba un año después en una entrevista concedida a *Mundo Deportivo*: «Lo decido yo, y no fue una decisión fácil. Dije que estaría con este equipo hasta ganar la Champions. Luego ya empecé a valorar que quizá era mejor dejarlo cuando estuviera en lo más alto. Ya había renovado y la gente cercana me animaba a seguir, pero pasaban los días y cada vez estaba más cansado y desgastado. Volver a empezar otra pretemporada lo veía complicado. Ganar es muy bonito, pero desgasta porque implica mucho esfuerzo». Uno de los motivos que se dio fue su relación con el vestuario, y su renuncia se vendió casi como un motín tras una reunión de las capitanas con los responsables. «Reuniones con las capitanas se hacen siempre y a final de temporada también, para pasar revista de todo. Y que algunas jugadoras no estén de acuerdo con el entrenador también es normal. Como había pasado en todas las temporadas anteriores. Pero este año se sobredimensionó porque se ligó con mi salida. Y no es así».

Se fue a entrenar como seleccionador de fútbol femenino en Ucrania, pero tuvo que huir. Él y Jordi Escura, preparador físico del equipo, se encontraban en Kiev la noche que estalló la guerra en Ucrania. De madrugada escucharon el estallido de tres bombas y cómo empezaron a sonar las sirenas antiaéreas.

Y se pusieron a hacer las maletas de inmediato. La federación ucraniana de fútbol les recomendó dejar el país cuanto antes, les buscó vehículo y chófer y les envió hacia el oeste. El viaje, de casi seiscientos kilómetros de distancia, se alargó durante el día y la noche. El tráfico era denso. Las gasolineras que se encontraban a su paso acumulaban largas colas. A unos doscientos kilómetros de Leópolis, su destino, empezaban a atisbar un final: «Seguimos sin ver bombas, estallidos o fuego. El cielo está despejado. Lo voy mirando y no percibo nada especial». Eso sí, el éxodo era un hecho. La mayoría de coches se dirigía al mismo sitio que ellos. Los bombardeos se intensificarían esa madrugada de viernes y caerían sobre Kiev. Lo explicaron a *EL PAÍS*: «Acertamos al intentar salir de allí lo antes posible. Cada vez es más difícil cruzar el país. Está siendo un viaje caótico, de muchas horas e incertidumbre. Pero al menos ya estamos bastante lejos de la capital, en una zona más segura». Poco después de las siete de la mañana llegaban a Leópolis. Una historia de película que, al menos para ellos, tuvo final feliz.

En agosto se desvincularon de la selección de Ucrania. La próxima estación laboral de Lluís Cortés se anunció a finales de 2023: sería seleccionador femenino de Arabia Saudí. Mientras tanto, años atrás, el testigo de Lluís Cortés en el banquillo azulgrana lo había cogido Jonatan Giráldez, que continuó la obra colectiva. «Estoy con muchas ganas de empezar a trabajar porque tenemos un grupo de trabajo muy bueno, con el *staff* y las jugadoras», aseguró Giráldez en su presentación el 2 de julio de 2021. Y añadió: «Tenemos herramientas para seguir ganando. Esta es la mentalidad que tenemos. Y es muy importante el cómo: evolucionar una idea con un perfil asociativo, que seamos protagonistas. Tenemos un reto muy bonito, que es volver a ganar y esa es la intención». En 2023 el Barça femenino levantó otra Champions. También lo hizo en 2024. Sin duda, dos peldaños más en la historia.

Frank Rijkaard

Cuando Rijkaard llegó el 2003 para entrenar al Fútbol Club Barcelona estaba todo por hacer. O por deshacer. El club estaba hecho trizas a raíz de la gestión –desde el año 2000– del que fuera presidente Joan Gaspart. El primer equipo masculino de fútbol no ganaba ninguna competición oficial desde 1999 y el objetivo del nuevo presidente Joan Laporta era devolver al club azulgrana al olimpo futbolístico. Escrito parece sencillo, pero Frank Rijkaard –avalado por Johan Cruyff, consejero moral de Laporta– tenía una labor complicada: levantar a todo un club y sacarlo del universo gris en el que andaba metido desde hacía casi un lustro. Rijkaard –que había sido un jugador extraordinario, ganador de ligas y copas de Europa– era un tipo tranquilo, pragmático y con la capacidad para quitar hierro a los asuntos que sacaban de quicio al entorno. Y un hombre de club. ¿Qué se le pedía a Rijkaard en la nueva etapa? Recuperar la senda de juego y, como consecuencia, de títulos. A través del proceso llegar a lo más alto. Reencontrar la brújula del estilo azulgrana en el campo. Su filosofía futbolística bebía claramente de la escuela holandesa, aunque se mezclaba con su aprendizaje pasado como jugador del Milan, donde vio cómo se armaban equipos fuertes en defensa.

El proyecto de Rijkaard tuvo un pilar sobre el que sustentarse, un nombre encima de la mesa por encima del resto: Ronaldinho Gaúcho, que se convirtió en la principal figura sobre el césped. Seguramente al brasileño hay que atribuirle buena parte del auge y del descenso del proyecto. Sea como fuere, se encargó de devolver la ilusión al barcelonismo a pesar de

que la temporada no fue fácil. El equipo quedó eliminado de la Copa de la UEFA por el Celtic de Glasgow y de la Copa del Rey por el Zaragoza. Aun así, en esta primera temporada Rijkaard terminó logrando el subcampeonato de Liga, y volvió a animar a la afición en busca de un nuevo título. Un título de liga que consiguió la temporada siguiente en el campo del Levante a tres jornadas del final del campeonato. En la plantilla –al margen de Ronaldinho– sobresalían nombres como Samuel Eto'o, Deco, Larsson, Giuly, Edmilson, Belletti y Sylvinho. «Mi único objetivo es producir un fútbol de calidad que guste a la mayoría y al final se verá lo que da», dijo Rijkaard el mes de agosto del 2005 a la revista *France Football*, cuando ya llevaba dos años en el club, expresando que tenía claro que el proyecto que empezó dos años atrás obtendría más pronto que tarde los resultados esperados. De hecho, la era Rijkaard vivió su máximo esplendor en la temporada 2005-06, que terminó con un doblete y la tan buscada Champions League, catorce años después de la primera en la famosa final de París contra el Arsenal inglés donde los azulgranas ganaron por dos goles a uno. Además, el Barça revalidó el título liguero con un fútbol espectacular, que le permitió sumar catorce jornadas consecutivas ganando. Esa temporada pasará a la historia porque el Barcelona ganó el 19 de noviembre de 2005 por 0-3 en el Santiago Bernabéu y Ronaldinho fue aplaudido por una parte de la afición madridista. «Aplaudieron a Ronaldinho como a Maradona», decía el diario *Marca*. Ronaldinho, con dos goles, se confirmó como el número uno del mundo ante un público que se rindió a él. Sobre uno de los goles la crónica del periódico *El Mundo* decía: «Tomó Ronaldinho un balón volcado en la izquierda y ya no lo soltó hasta que engarzó todas las piezas de la joya. Esa obra de arte simbolizó una noche de tortura madridista y de gozo azulgrana. El Barça golpeó la mesa de la Liga y destrozó a un Madrid ahogado por sus dudas y su impotencia». Aquella temporada también se ganó la Supercopa de España. A nivel individual, en ese casi insuperable año 2006, Frank Rijkaard fue escogido como Mejor Entrenador del Mundo por la Federación Internacional de Historia y Estadística de Fútbol.

Los dos años siguientes de Rijkaard en el Barcelona fueron un *fade out*. Un descenso en rendimiento y exigencia. Parecía como si se hubiera muerto de éxito. Después de conseguir la Champions y dos ligas consecutivas, el conjunto pareció desvanecerse. El balance de la temporada 2006-2007 fue negativo. Todo se empezó a gestar en Mónaco con la derrota contra el Sevilla por 0-3 en la final de la Supercopa de Europa. Fue un partido horroroso del equipo. Sin alma ni hambre competitiva. Aquel mes de agosto Rijkaard advirtió sobre el peligro de caer en cierta relajación tras los éxitos cosechados hasta ahora. «No digo que haya jugadores que hayan entrado al campo para no ganar, pero ha faltado algo», recogieron los medios. Aun así, el partido fue un tráiler de lo que estaba por venir. Aquella temporada el equipo quedó eliminado en octavos de final de la Champions, en la Copa del Rey cayó contra el Getafe, que les remontó un 5-2 de la ida (el del famoso gol maradoniano de Leo Messi) y tampoco se pudo revalidar el título de liga que ganó el Real Madrid. Fue un año para olvidar, lleno de reproches en un equipo crepuscular y con cada vez más dudas sobre la capacidad de Rijkaard de gestionar el vestuario, la sensación cada vez más extendida de que los jugadores se autogestionaban el esfuerzo y de que un grupo de líderes decidía cuándo se competía y cuándo no. El verano siguiente llegaron más fichajes: el laureado delantero francés Thierry Henry, el mediocentro Yaya Touré, el lateral Éric Abidal y el defensa central Gabi Milito. Cuatro nombres que forman parte de la historia del Fútbol Club Barcelona. Aun así, no alcanzó para los objetivos y en la temporada no hubo liga, no hubo copa ni hubo Champions.

La presión sobre el técnico y el flojo rendimiento de Ronaldinho o Deco (vistos, además, por la afición como el principal problema dentro del vestuario) hicieron que el 8 de mayo el presidente Joan Laporta informase de que Frank Rijkaard dejaría de ser el técnico al final de temporada. Días después se presentó a su sustituto en el cargo: Josep Guardiola i Sala. El técnico holandés se llevaba dos Ligas, una Champions League, dos Supercopas de España y tres Copas Cataluña. En el año 2009 Rijkaard encontró nuevo equipo. El Galatasaray le abrió sus puertas y allí estuvo hasta el 20 de octubre del 2010, al ser destituido por los malos resultados en la liga turca. También entrenó a la selección de Arabia Saudita, pero el mes de marzo de 2014 Rijkaard anunció su retirada de los banquillos. Rijkaard ha pasado a la historia del Fútbol Club Barcelona por su estilo de juego y su capacidad para construir un proyecto más allá de los resultados obtenidos. El holandés vino en el momento adecuado a solucionar los problemas de identidad futbolísticos de un club que iba a la deriva, un técnico tan discreto como talentoso e irrepetible.

Helenio Herrera

El 9 de noviembre de 1997, Helenio Herrera –para todos, H. H.– falleció en Venecia, y con su muerte se iba uno de los entrenadores más carismáticos de la historia del fútbol, el hombre que también revolucionó los banquillos de este deporte. Nacido en Buenos Aires, como escribió Xavier Garcia Luque, «en el barrio bonaerense de Palermo y quedó inscrito en el registro el 10 de abril de 1910, fecha que años más tarde modificó para rejuvenecer seis años y alargar su carrera futbolística. Colgó las botas en 1945, con solo veintinueve años en teoría, pero en realidad eran ya treinta y cinco. Y empezó a entrenar». Este detalle sirve para entender su personalidad.

H. H. fue un precursor en la preparación psicológica de los futbolistas. Apodado «el Mago», apodo que le pusieron sus jugadores en Francia, era capaz de saltar antes al campo para que el público le gritara a él. Decía que así, cuando los futbolistas saltasen al campo, los aficionados ya estarían cansados. Y le gustaba dejar mensajes en las pizarras o lanzar frases provocadoras para motivar al colectivo. También era un fanático del estudio del equipo rival, siempre buscaba conocer todas y cada una de las características de los once jugadores contrarios. Antes de llegar al Barça, ya había hecho campeón de liga al Atlético en las temporadas 1949-1950 y 1950-1951. Entrenó al Barcelona en dos etapas. La primera (1958-1960) fue un bienio prolífico lleno de títulos. Ya comenzó con éxito, pues el 1 de mayo de 1958 su equipo ganó la primera edición de la Copa de Ferias al derrotar a la selección de Londres –seis a cero– en el Camp Nou. A partir de ese momento, el equipo barcelonista, que hasta entonces había vivido acomplejado por el Real Madrid del gran *crack* Alfredo Di Stéfano, supo contagiarse del espíritu motivador de Helenio Herrera y ganó dos ligas seguidas, la de 1958-1959 y la de 1959-1960. También conquistó la Copa del Generalísimo de 1959 y la Copa de Ferias de 1959-1960. Durante estas dos temporadas, H. H. fue capaz de conseguir que los hombres de la cantera –Olivella, Gensana, Gràcia, Vergés, Tejada– y los fichajes rutilantes de temporadas anteriores –Evaristo, Eulogio Martínez, Luisito Suárez, Villaverde– se destaparan. Además, contó con futbolistas consolidados, como Ramallets, Segarra o Kubala. Fue un técnico discutido que tuvo que gestionar también problemas internos dentro del vestuario. Pasó a la historia por una frase que siempre negó haber dicho: «Al Betis lo ganaremos sin bajar del autobús». Herrera siempre explicó que fue un intento de desestabilizar al equipo y caldear el ambiente cuando el Barça fuera al campo verdiblanco en plena pugna por el campeonato liguero con el Madrid.

En la temporada 1959-1960, a pesar de ganar la liga, no fructificó el intento de conquistar la Copa de Europa. Lo peor es que el equipo que les apeó de la competición en semifinales fue el eterno rival, el Real Madrid. «Cuenta la leyenda barcelonista que los jugadores, alentados por Herrera –que se había distinguido siempre por apoyar las reivindicaciones económicas de sus chicos– van a pedir que la directiva aumente la prima, a lo que esta, al parecer, se negó –aunque, según algunas fuentes, lo que en realidad sucedió fue que un portavoz de los futbolistas preguntó si se iba a mantener la prima extraordinaria percibida tras eliminar tan brillantemente al Wolverhampton, o si se volvería a las cantidades estipuladas a comienzos de temporada–. El club atravesaba por una grave situación financiera, lastrado por el enorme desembolso que había supuesto la construcción del Camp Nou, y además la masa salarial de la primera plantilla había experimentado un considerable incremento desde la llegada al banquillo de H. H. También van a producirse algunos roces entre determinados futbolistas, todo lo cual no constituía precisamente el mejor clima para afrontar un partido tan delicado», cuenta Fernando Cuesta en *Cuadernos de Fútbol*. Antes del partido, el presidente del Barça, Francesc Miró-Sans, advirtió a Helenio Herrera que no habría ninguna prima. Los azulgranas no jugaron bien, perdieron tres a uno en la ida y, en la vuelta en el Camp Nou, se repitió el mismo resultado a favor del Madrid –uno a tres–. «La derrota –la primera que el equipo sufría en su propio feudo desde hacía un par de temporadas– lógicamente sienta fatal en la junta presidida por Miró-Sans, quien va a tomar la decisión de destituir fulminantemente de su cargo a Helenio Herrera, algo que se hará efectivo el 30 de abril». Pero, después de ser cesado, H. H. empezó su etapa más gloriosa como entrenador, concretamente en el Inter de Milán. Allí, junto con el exbarcelonista Luis Suárez –aún hoy el único Balón de Oro español–, que también dejó el club, ganó tres ligas, dos Copas de Europa y dos Copas Intercontinentales. Llevó el cerrojo defensivo a la cima del mundo.

Paralelamente, en el Barcelona empezaba la década de los sesenta, un túnel oscuro del que salió cuando en 1973 se fichó a Cruyff. En marzo de 1980, cuando ya hacía cinco años que estaba alejado de los banquillos, Helenio Herrera fue contratado para volver al Barça y sustituir a Joaquim Rifé. Solo quedaban doce jornadas para acabar la liga de 1979-1980 y la junta directiva presidida por Josep Lluís Núñez buscaba un golpe de efecto para intentar conseguir el objetivo de clasificarse para la Copa de la UEFA. Y lo consiguió, aunque no parecía nada fácil.

Cogió las riendas del equipo Kubala, pero en noviembre de ese mismo año volvió a ser llamado como solución de emergencia, esta vez como relevo del astro húngaro. En esta ocasión el objetivo era buscar la remontada liguera. Según los cronistas de la época, lo primero que hizo Helenio Herrera al llegar a los vestuarios del Camp Nou fue escribir en la pizarra: «Seremos campeones». A continuación, todos los jugadores tenían que repetir esta frase mágica en voz alta. El Barça cambió radicalmente y si no ganó finalmente la liga seguramente fue debido al secuestro de Quini, un hecho dramático que cortó de raíz la reacción del equipo azulgrana, porque no se paró la competición a pesar de que el conjunto blaugrana tenía un jugador secuestrado. De todos modos, ya con el delantero asturiano felizmente liberado, Helenio Herrera se pudo despedir del Barça ganando otro título, la Copa del Rey, el 18 de junio de 1981 ante el Sporting de Gijón –tres a uno–.

Además de ser un pionero en el aspecto motivacional, desde el punto de vista futbolístico también pasará a la historia por basar sus planteamientos tácticos en una buena defensa, a la que consideraba el mejor ataque, y en la rapidez en el contraataque. Además, tácticamente fue el precursor en la utilización del defensa libre. Otra de las frases que se le atribuyen es que se juega mejor con diez jugadores que con once, una sentencia que presuntamente dijo tras ganar el derbi madrileño de 1951 jugando en inferioridad numérica. También dijo que se sacó de contexto. Lo cierto es que eso es la magia, preguntarse constantemente si es o no un truco eficaz para conseguir el objetivo deseado.

Jack Greenwell

John Richard «Jack» Greenwell fue el hombre que pudo reinar y reinó, uno de los monarcas futbolísticos culés con una de las dinastías más largas en el banquillo azulgrana, privilegio que comparte con Johan Cruyff y Pep Guardiola. De hecho, Greenwell, además, tiene el honor de ser el primer entrenador oficial que tuvo el Fútbol Club Barcelona. Que no pase desapercibida la palabra «oficial», junto al apunte, para no quedar en fuera de juego, de que el primer entrenador de la historia del club fue el también inglés, William Lambe, que ejerció de jugador-entrenador en 1912. De él hablaremos en otro capítulo, pero en los primeros años de la historia de la entidad culé no existía como tal la figura de entrenador y era el capitán, dotado de más peso dentro del vestuario, quien gestionaba el colectivo. La historia, pues, nos enseña que la autogestión viene de lejos.

Nacido en 1884 en un pueblo minero llamado Crook, en el norte de Inglaterra, John Richard Greenwell fichó a los dieciséis años por el equipo de fútbol del pueblo, el Crook Town. Durante ese tiempo participó en varios torneos regionales. En 1909 permaneció durante tres años en el West Auckland Town F.C. Sin redes sociales ni mejores momentos de YouTube, el Fútbol Club Barcelona se fijó en su talento y lo trajo a España. Jack Greenwell se convirtió –con veintiocho años– en jugador del Fútbol Club Barcelona el mes de septiembre de 1912. Las referencias a este hecho en la prensa son numerosas, las recogieron de forma pormenorizada Eugen Scheinherr y Fernando Arrechea en *Cuadernos de Fútbol*.

El Poble Català, 12 de octubre de 1913: «*Per part del Barcelona actuarà de jutge de ratlla l'entrenador del mateix, M. Greenwell*»; *La Vanguardia* y *La Publicidad*, 12 de octubre 1913: «Por parte del Barcelona actuará de *linesmen* el entrenador del mismo, Mr. Greenwell».

El 27 de noviembre de 1913 en la revista satírica *Cu-Cut!* se publicó que Greenwell había sido detenido por la Policía en la Rambla y había sido arrestado durante unas horas, sin que quedara claro el motivo. Se le presenta en la crónica como «Míster Greenwell, entrenador del *Foot-ball* Club Barcelona». Queda claro, pues, que ejercía de técnico. En este primer tramo ayudó a que su anterior equipo, el Crook Town, visitara Barcelona y se enfrentara en tres partidos con el equipo azulgrana. Pocos meses después mudó de piel y empezó a ejercer de jugador-entrenador, en enero del 1913, designado por el presidente del club, Hans Gamper. Lo combinó durante cuatro años. Tuvo la suerte de tener junto a él a futbolistas como Paulino Alcántara o Romà Forns. Consiguió como jugador azulgrana los Campeonatos de Cataluña de 1913.

«Jack Greenwell, un estupendo medio ala, capaz, por sus conocimientos del juego, de actuar en cualquier puesto del equipo, como lo demostraría años más tarde al formar de portero, en mayo de 1918, contra el Sabadell, indispuesto en aquel día el meta titular Brú», resumía *Mundo Deportivo* las cualidades de Greenwell. En esta etapa se ganó la Copa de los Pirineos de 1913 y la Copa del Rey de 1913, organizada por la Unión Española de Clubs. Tras las breves etapas de Alderson, Lambe –jugador-entrenador– y Barren, y durante las temporadas siguientes, llevó al equipo catalán a su primera edad de oro.

En junio de 1917 Hans Gamper comenzó un nuevo mandato como presidente del Fútbol Club Barcelona y confirmó nuevamente en el cargo, pese a las críticas, a Jack Greenwell, que esta vez ya solo ejercía como jugador esporádicamente. Fueron seis temporadas consecutivas que se saldaron con cuatro Campeonatos de Cataluña –de 1919 a 1922– y dos Copas del Rey –1920 y 1922–. Permaneció en la entidad hasta el 30 de agosto de 1923. Es importante señalar que eran los inicios del fútbol y que por entonces no existía aún la liga de fútbol, que no comenzaría hasta 1929.

Desde el punto de vista social, según los medios de la época, su primer año como responsable del equipo culé no fue precisamente un camino de rosas. Tras los malos resultados, un grupo de socios solicitó su destitución. Presentó su dimisión en 1919, aunque el presidente Hans Gamper le defendió y lo mantuvo en el puesto. La historia futbolística de Greenwell después de dejar el club es confusa, pero la describen con todo tipo de detalles en *Cuadernos de Fútbol*: «En febrero de 1923 ficha por la UD Gerona para unos pocos entrenamientos –*La Jornada Deportiva, Diario de Gerona de avisos y noticias*, 14 de febrero de 1923–, aunque sigue siendo entrenador del FCB hasta el verano –*La Jornada Deportiva*, 16 de julio de 1923– cuando ficha por la UE Sants –agosto de 1923–».

Posteriormente inició un largo periplo que le llevó a equipos como el Castellón, el Real Club Deportivo Espanyol y también el Mallorca. Volvió al Barcelona, para dos temporadas más, en 1931. ¿Segundas partes nunca fueron buenas, dice el tópico? En su segunda etapa en el banquillo barcelonista no obtuvo tantos éxitos como en la primera: solo ganó un Campeonato de Catalunya, en 1932. En el Barça de Greenwell destacaron jugadores de la talla de Paulino Alcántara, Emili Sagi-Barba, Ricardo Zamora, Josep Samitier, Félix Sesúmaga y Ferenc Plattkó. Por cierto, un nombre también importante en la historia culé es la persona que le acompañó como segundo –o tercer– entrenador: Jesza Poszony. Fue el entrenador y primer técnico que estructuró la cantera del Fútbol Club Barcelona. Después de la última etapa en el Fútbol Club Barcelona, siguió su periplo por los banquillos de Valencia, Gijón, Perú y Colombia.

Además de una larga trayectoria en el banquillo, Greenwell es el tercer entrenador en títulos conseguidos, con un total de diez, solamente superado por Pep Guardiola –catorce– y Johan Cruyff –once–. Si la banda inglesa de *punk rock* Sex Pistols hubiera nacido a finales del siglo XIX, habría compuesto seguramente un tema dedicado al gran monarca futbolístico angloculé. Lo habrían titulado *God Save the Greenwell*.

Jack Greenwell falleció en Bogotá el 20 de noviembre de 1942. Tenía cincuenta y ocho años.

Luis Enrique Martínez

«Un tipo decidido, perseverante, con una gran fuerza de voluntad, muy respetuoso con las normas y las reglas, de sentimientos inequívocos y duraderos y amante de la tranquilidad, aunque este último concepto pueda entrar a veces en contradicción con alguna de sus otras virtudes. Por el contrario, en ocasiones se deja llevar por impulsos, es de ideas fijas, demasiado rígido y tozudo», así define Lluís Lainz, en su libro *El método Luis Enrique*, al que fue entrenador del Fútbol Club Barcelona entre los años 2014 y 2017. Incansable trabajador, llegaba a su despacho sobre las 7:30 h de la mañana y acababa su jornada laboral doce horas después, unos hábitos muy similares a entrenadores como Van Gaal o Guardiola. Antes de todo eso, fue un ídolo del barcelonismo durante su etapa como jugador.

Llegó en 1996, procedente del eterno rival, el Real Madrid, y se convirtió muy rápidamente en un futbolista querido por la afición por su carácter luchador. Estuvo ocho años en el club y llegó a jugar con futbolistas como Xavi Hernández o Andrés Iniesta. Antes de llegar al primer equipo como entrenador, en junio del 2008, dirigió el filial que la temporada anterior, de la mano de Pep Guardiola, había subido de tercera división a segunda B. El balance de Lucho en el banquillo del filial fue positivo. En la temporada 2008-2009 terminó quinto en la clasificación de su grupo de la segunda división B, aunque no se logró el ansiado ascenso, objetivo que se alcanzaría al curso siguiente gracias a una gran generación de futbolistas, como Jonathan Soriano, Sergi Roberto, Marc Bartra o Thiago

Alcántara. Con ellos el equipo quedó en segunda posición en la fase regular y después se consumó el ascenso a la segunda división A, al superar en la fase final al Jaén y al Sant Andreu.

En mayo de 2014 se hizo cargo del primer equipo. «Un entrenador, más que un entrenador de fútbol es un líder. La capacidad que tenga para liderar se puede medir en muchos aspectos. No hablo solo de conocimientos técnicos o tácticos, sino de gestionar un grupo, gestionar egos, motivación... Yo intento englobar lo que significa ser un líder, intento hacerlo de la mejor manera posible, con mi versión, siendo fiel a mis principios, y eso es un poco lo que veréis aquí», comentó en rueda de prensa el día de su presentación. «Yo aquí estoy para que el club consiga títulos, para ganar, para ilusionar a la afición..., y son los títulos los que determinarán el tiempo que voy a estar sentado frente a vosotros». Además, calificó de «bendita presión» la exigencia de tener que ganar títulos por estar en un club como el Barça.

Lo cierto es que con él se abrió otra de las etapas gloriosas del barcelonismo. A lomos del famoso tridente atacante –Messi, Neymar y Suárez–, Luis Enrique consiguió nueve de los trece títulos que disputó mientras fue entrenador del Barcelona; a saber: dos ligas, una Champions League, un Mundial de Clubes, una Supercopa de Europa, tres Copas del Rey y una Supercopa de España. La temporada 2014-2015, la primera en el banquillo del FC Barcelona, fue de éxtasis futbolístico, aunque no empezó de la mejor manera, sobre todo por la mala relación entre Leo Messi y Luis Enrique, que desembocó en una crisis en enero del 2015 y se solucionó con la mediación de Xavi Hernández después de un partido en Anoeta contra la Real Sociedad. En el tramo decisivo, esta mediación permitió al equipo del técnico asturiano conquistar de nuevo un triplete histórico –Copa del Rey, liga y Champions–, el segundo en la historia del club. En la liga el Barça se proclamó campeón con dos puntos de ventaja sobre el Real Madrid, en la Copa del

Rey el Athletic Club fue derrotado en la final del Camp Nou por tres a uno, mientras que la Liga de Campeones fue conquistada al vencer en la final de Berlín a la Juventus también por tres a uno. En una entrevista que le hicieron en Barça TV, Luis Enrique habló sobre los momentos previos a afrontar ese partido: «Las charlas que yo hago en el hotel son tácticas, pero sí busqué ese día algo motivacional que les pudiera ayudar o que yo creyera que a mí me ayudaría como jugador. Les hice una especie de broma o chascarrillo. Les pregunté al acabarla: "¿Qué es lo peor que pensáis que os puede ocurrir en la final?"». Parece que los más veteranos se lo tomaron en serio y se centraron en el fútbol. «Xavi y Alves, los veteranos en general, respondieron con cosas de fútbol. "No ser fieles a nuestro estilo, qué sé yo, cosas así..."», desveló.

La segunda temporada también estuvo marcada por la mentalidad ganadora de su equipo y la exigencia del entrenador asturiano, aunque el juego y las dinámicas internas dentro del vestuario no fueran las mejores. Seguramente no era fácil manejar y sostener la exigencia en un grupo con futbolistas de tanta calidad. Aun así, aquel año se ganó de nuevo la liga española, con un espectacular último tramo de competición, y también la Copa del Rey. La última temporada de Luis Enrique estuvo marcada por un descenso muy claro del rendimiento y tuvo partidos para olvidar, pero desde el punto de vista emocional será recordada por lo que pasó el 8 de marzo en una de las noches más emocionantes e históricas que se han vivido en el Camp Nou: la inédita remontada del Barça al PSG en los octavos de final de la Champions League, por seis a uno después de haber perdido en la ida en París por cuatro a cero. «Eran las 22:41 horas del 8 de marzo –empezaba la crónica de *La Vanguardia*–. El Barça estaba volcado con todo. Le quedaba una oportunidad. Una pizca de esperanza. Le restaba un suspiro y hasta el portero Ter Stegen estaba en el área rival. Entonces, Neymar, inconmensurable, levantó la cabeza y filtró un balón maravilloso hacia el área. La pelota flotó y Sergi Roberto fue a cazarla con el alma para meter la bota que ponía el seis a uno definitivo, el que completaba la remontada jamás vista, el que culminaba una obra de amor, de arte y de tesón en el minuto noventa y cinco. Fue el gol del canterano que tenía problemas para marcar pero que ayer metió el gol de su vida, el que le coloca en la historia del club, al más puro estilo de Iniesta en Stamford Bridge pero en un contexto todavía más impactante», sentenciaba. «En la historia están todos: de Luis Enrique a Messi. De Luis Suárez a Piqué. De Busquets a un Neymar, que levantó al equipo cuando la eliminatoria estaba perdida». Esa temporada Luis Enrique anunció que dejaría el club.

Antes de que club y entrenador separasen sus caminos, ganaron la Copa del Rey, dejando atrás un palmarés envidiable y difícilmente repetible para un entrenador que quiera volver a hacer historia. Como curiosidad, cabe recordar que Luis Enrique fue el octavo entrenador de la historia del Barcelona que antes había sido capitán del primer equipo en su etapa como jugador. Los otros siete fueron José Nogués, Josep Samitier, Ladislao Kubala, César Rodríguez, Joaquim Rifé, Johan Cruyff y Guardiola.

Marinus Michels,
«Rinus»

Llegó al Fútbol Club Barcelona en la temporada 1971-1972, después de haber llenado de títulos y prestigio profesional su mochila futbolística en el Ajax: una Copa de Europa, cuatro ligas y tres copas holandesas. Y no solo el qué, también el cómo: fue el inventor del fútbol total durante sus años en los Países Bajos, porque revolucionó la manera de entender este deporte. Su Ajax era alegre, creativo, agresivo, ofensivo, inesperado, sorprendente, ejercía una presión asfixiante en todo el campo sobre el rival; un fútbol, en definitiva, que requería del estado físico de un deportista de élite, porque todos los jugadores atacaban y defendían como bloque. Aun así, lo cierto es que en los dos primeros años en el banquillo azulgrana Michels no tuvo el éxito esperado a nivel de títulos, solamente consiguió una Copa de Ferias, que es un título que quizá a muchos técnicos les gustaría tener, pero el umbral de la exigencia era mucho mayor en aquella época y sobre todo tratándose de Michels.

No fue hasta la llegada –en la temporada 1973-1974– de Johan Cruyff que el equipo de Michels pudo enseñar su catálogo de variantes futbolísticas imponentes sobre el terreno de juego. El 5 de julio de 1971 se presentaba el equipo blaugrana ante su afición. El flamante nuevo técnico, en un muy buen castellano, se dirigió al público del Camp Nou el día de la presentación del equipo y dijo: «Señor presidente, jugadores, señoras y señores, el principio de la temporada siempre es difícil, mucho hablar y poco hacer. Yo voy a ir al revés. Me hago cargo de que ustedes esperan mucho de mí esta temporada. Por eso quiero complacerles no con palabras y sí con hechos. Desde hoy todos, jugadores y técnicos, vamos a trabajar todos muy duro, duro, duro como el mármol. Y esto solo se puede hacer si trabajamos juntos. Ustedes, prensa y socios, cuentan con nosotros y nosotros con ustedes. Su apoyo nos es indispensable. Muchas gracias». De hecho, esa misma temporada el Barcelona ganó la liga española catorce años después de haberla ganado por última vez. Catorce. No ganaba el campeonato desde la temporada 1959-1960. Con la estrella holandesa como cabeza visible y rodeada de jugadores como Sotil, Rexach, Asensi o Marcial, el esquema de Michels se volvió sólido y funcionaba a la perfección, tal y como lo hizo anteriormente en los años dorados de su Ajax. El juego que practicaba ese Barça era delicioso. Se podría decir incluso que una de las características del equipo de Michels era apostar por el fútbol bonito como factor preferente, a veces por delante del resultado. Para realizar ese juego era obligatoria una preparación física excelente y, seamos justos, para lograr títulos en ese nivel, practicando ese juego arriesgado y de ataque, debía tener jugadores de un nivel exquisito en el trato del balón, con gran técnica individual y entendimiento del juego como un colectivo.

Entre los logros de Michels con el Barcelona de esa temporada también está el inolvidable cero a cinco contra el Madrid en el Santiago Bernabéu, en 1974, con dos goles de Asensi, uno de Cruyff, uno de Juan Carlos y uno de Sotil. Aquel partido fue el punto culminante de una temporada que devolvió la alegría al Fútbol Club Barcelona. En la siguiente temporada Michels prosiguió con su manual de fútbol total, pero no pudo conseguir ningún título y, ante la impaciencia de los aficionados, Michels abandonó el club. En la temporada siguiente, la de 1975-1976, pasó fugazmente por el Ajax, donde estuvo un año, para acabar recalando de nuevo en el Barça, donde estuvo dos temporadas más.

En 1978 ganó una Copa del Rey. Fue una victoria contra

Las Palmas, por tres a uno en la final, que sirvió para cerrar su segunda y definitiva etapa como entrenador en el Barça.

Johan Cruyff dijo de él: «Siempre admiré enormemente sus dotes de mando. Como jugador y como entrenador, nadie me ha enseñado más que él. Fue el deportista que puso a los Países Bajos en el mapa, hasta el punto de que actualmente casi todo el mundo está beneficiándose todavía». La suma de todos los factores era un juego combinatorio y, por primera vez, algo nunca visto en España, la trampa del fuera de juego, cosa muy innovadora en la época. Fueron muchos los centrales que aprendieron a jugar a tirar la línea para dejar sin opción de gol a los delanteros rivales. Uno de ellos fue el central Migueli –seguramente en las antípodas futbolísticas de Michels–, que escribía estas líneas en *Mundo Deportivo* en 2019: «Yo tengo que agradecerle mucho, porque él fue quien me dio bola en el Barça, gracias a los informes de Rodri y la insistencia de un sabio como Balmanya, para que el holandés apostara por ese joven central que empezaba en el Cádiz. Pero mi sensación de justicia respecto a Michels es más general, porque realmente él fue el pionero de una forma de ver el fútbol que en aquel momento era impensable. Iba muchos años por delante. A mí me puso de titular a diez días de llegar a Barcelona. Michels fue un adelantado a su tiempo, con una enorme capacidad de trabajo. Él ya entendía que el trabajo de pretemporada era la base física para aguantar todo el año. Los veranos eran muy duros. Recuerdo que yo llegaba a casa y me decían: "¿Quieres la comida?". Y contestaba: "No, quiero ir a dormir". Estaba hecho polvo». La dura disciplina que imponía en el vestuario azulgrana le llevó a ganarse el apodo de «Míster mármol». Los que le conocían explican que era un técnico muy serio, de pocas palabras.

Al margen del fútbol de clubes, donde brilló fue en el Mundial de 1974 y como seleccionador de los Países Bajos, con la llamada «Naranja Mecánica», el equipo con el que realmente

Michels pasó a la historia del fútbol. En aquel mundial Holanda jugó diez partidos y en nueve de ellos quedó invicto. En la final cayeron ante la Alemania de Franz Beckenbauer. Pese a no lograr el objetivo, la selección holandesa maravilló al mundo con su estilo de juego y crearon un antes y un después en el mundo del fútbol.

Patrick O'Connell

O'Connell ha puesto históricamente de acuerdo al barcelonismo –algo que la institución no siempre ha conseguido–: el técnico irlandés fue el hombre que salvó de la bancarrota al Barça. Llegó al banquillo azulgrana en la temporada 1935-1936, durante el estallido de la guerra civil, y su profesionalidad y su entereza en uno de los peores momentos de la historia de nuestro país sirvió para solucionar los problemas económicos de la entidad. De hecho, la entidad azulgrana siempre ha querido subrayar que O'Connell es una de las muchas figuras del barcelonismo que no ha ocupado las primeras páginas de la historia del club, quizá por la falta de difusión de la labor que realizó –al fin y al cabo, es un nombre poco conocido por la gente culé–, pero que, sin embargo, merece un reconocimiento especial por su gran valía profesional y humana, y más si tenemos en cuenta las trágicas circunstancias históricas en las que desarrolló su labor.

Su periplo en el mundo del fútbol empezó en 1905, cuando le llegó su primera oferta profesional como jugador, concretamente del Belfast Celtic. Después de militar en equipos ingleses, como el Sheffield Wednesday o el Hull City, en 1914 fichó por el Manchester United. Durante esa etapa jugó cedido en diversos clubs, pero fue en 1920, cuando llegó al Ashington, cuando compaginó el puesto de jugador y entrenador.

En 1922 fichó como técnico del Racing de Santander. En España entrenó al equipo cántabro, al Oviedo y también al Real Betis, y se convertiría en uno de los mejores entrenadores de la historia del club verdiblanco: cambió la mentalidad, la forma de jugar y se adaptó a la ciudad de Sevilla, donde fue rebautizado como «don Patricio». En 1935 llevó al Real Betis a su único título de liga. Este hito hizo que el Barcelona lo contratara.

En su primer año en el Barça ganó el Campeonato de Cataluña y llegó a la final de Copa. Pero en 1936 estalló la guerra civil en España. La situación política se volvió extremadamente volátil y peligrosa, lo que llevó a muchas personas a abandonar el país. El que en ese momento era entrenador del Fútbol Club Barcelona estaba de vacaciones en Irlanda, pero no dudó un solo instante y regresó a Barcelona para desempeñar su labor. En el caso de O'Connell, las crónicas indican que jugó un papel crucial en la protección y evacuación de varios jugadores extranjeros del Barcelona, así como de sus familias, ayudándoles a salir del país en medio del conflicto y llevándolos a lugares más seguros. La falta de partidos en 1936 llevó al Barcelona a una crisis financiera, haciendo difícil equilibrar las cuentas durante un periodo de agitación que pudo, sin exagerar, haber acabado en la quiebra del club. La consigna estaba clara: la guerra no debía impedir jugar al fútbol. Así, el Barça ganó en 1937 la Liga Mediterránea, una obligada versión reducida del Campeonato Nacional de Liga. Además, también se encargó de organizar partidos benéficos en el extranjero para recaudar fondos y ayudar a sostener a los jugadores y sus familias mientras estaban fuera de España. De hecho, en la gira del Barça por México y Estados Unidos en 1937 jugó partidos muy lucrativos donde se ingresó lo suficiente para saldar las deudas del club. La gira tuvo un precio y O'Connell volvió a España con solo cuatro jugadores, porque hubo un grupo de ellos que prefirió exiliarse en México y Francia. Aquella gira fue crucial: sus esfuerzos en Norteamérica aseguraron la supervivencia del club.

En 1938 O'Connell, ante el terrible caos que se vivía entonces en Barcelona, decidió regresar a Irlanda. Una vez terminada la guerra se reintegró al Barcelona, pero solo estuvo un año, ya que en 1940 regresó al Betis, donde la afición –después de haber vivido él un idilio con la afición verdiblanca– le esperaba con los brazos abiertos. También volvió al Racing, con un paso intermedio por el Sevilla. Sin embargo, no pudo repetir los logros de su primera etapa en España. Volvió a Londres y sobrevivió a base de ayudas públicas mientras vivía con su hermano. No pudo levantar cabeza sin el fútbol, se entregó al alcohol y acabó mendigando en las calles. Murió de neumonía a los setenta y un años, en 1959, y fue enterrado en el Cementerio católico de Santa María, en Kensal Green, al noroeste de Londres.

El 30 de agosto del 2014 se constituyó el Fondo para la Memoria de Patrick O'Connell para reivindicar su legado y acabar con una injusticia histórica. Según muchos cronistas especializados, los archivos relacionados con O'Connell y su vida en España son escasos, y eso puede deberse a la difícil relación del país con su historia moderna, donde incluso leer ciertos periódicos era peligroso en la época de Franco. El 7 de agosto de 2015 se inauguró en Falls Road, en la ciudad irlandesa de Belfast, un mural dedicado a Patrick O'Connell, en el oeste de la ciudad. Este mural no solo homenajea a O'Connell, sino que también incluye una imagen de Leo Messi. La composición sirvió para reconocer las contribuciones de O'Connell al fútbol y su legado tanto en Irlanda como en España. Además, la inauguración contó con la participación de diversas personalidades del mundo del fútbol, incluyendo al entrenador de la selección de la República de Irlanda, Martin O'Neill, y al exfutbolista Roy Keane. Este homenaje visual parte del paisaje cultural de Belfast, una ciudad conocida por sus murales que narran historias tanto políticas como sociales y deportivas. El legado del hombre que salvó al Barcelona puede rememorarse también en el libro *La fascinante historia de Patrick O'Connell*, un libro de Sue O'Connell, mujer del nieto de Patrick, Mike, que tuvo acceso a documentos, cartas y recuerdos familiares que, junto con su extensa búsqueda en países como Inglaterra, Irlanda, España y México, le permitieron reconstruir la vida de este hombre carismático y extraordinario. Otro campeón que ayudó a hacer del Barcelona un club más grande.

Pep Guardiola

Para leer las siguientes páginas es necesario buscar en Spotify *Viva la vida*, de Coldplay, y pulsar «Reproducir».

Esta canción fue uno de los temas estrella de la banda sonora del mejor Barça de la historia, el que va de la temporada 2008-2009 a la temporada 2011-2012. Es una canción que, escuchada hoy en día, dibuja una sonrisa nostálgica entre los culés que disfrutaron como nunca durante cuatro años inigualables. Pep Guardiola es el barcelonista que más títulos tiene como entrenador: ganó un total de catorce, de diecinueve títulos disputados, y además consolidó una manera de jugar que sigue siendo admirada y recordada a día de hoy. Durante aquellos años, el Barça ganó dos Ligas de Campeones, tres ligas, dos Copas del Rey, tres Supercopas de España, dos Supercopas de Europa y dos Mundiales de Clubes. Destaca el triplete logrado la primera temporada.

Guardiola había sido un ídolo culé como jugador, un futbolista carismático y un auténtico punto de referencia para todos los jóvenes de la cantera. «El Noi de Santpedor» fue durante la década de los noventa uno de los mejores mediocentros de Europa y brilló en el Dream Team de Johan Cruyff, quien apostó por él para sustituir a Milla en el eje del campo blaugrana cuando este decidió fichar por el Real Madrid. Con una inmejorable condición táctica, un excelente toque de balón y gran visión de juego, Guardiola era la prolongación del entrenador en el campo y su destino era sentarse en el banquillo de un equipo. Y, antes de coger las riendas del primer equipo, nos regaló la temporada 2007-2008, un aperitivo con el Barça B. En

su primera temporada como entrenador consiguió el ascenso, un *spoiler* de lo que nos esperaba como aficionados.

El 28 de mayo del 2008 fue presentado como nuevo técnico del Barça. Nunca fue Guardiola un hombre de promesas en forma de título, sí prometió aquel día esfuerzo y compromiso. Lo mismo hizo en la presentación del equipo en el día del Trofeo Joan Gamper. «Abróchense los cinturones, que nos lo pasaremos bien». Recordaba a Bette Davis y su famosa frase en la galardonada película de 1950 *Eva al desnudo*: «Abróchense los cinturones. Esta va a ser una noche movidita». Y fue movidita. La noche y los cuatro años de Guardiola en el banquillo. Porque lo apostó todo al proceso. A encontrar el mejor método para ganar. Y seguir ganando. Guardiola construyó un proyecto que tuvo diversas fases pero que mantuvo un patrón constante durante cuatro temporadas: la búsqueda constante de la excelencia futbolística. Una mezcla de autoexigencia, talento, ilusión, barcelonismo, pasión, creatividad y sufrimiento que le llevó al olimpo de este deporte. Una época, la suya en el Barça, que, comparada con todo lo que Guardiola ha hecho después en los banquillos europeos, parece ahora un regalo: haber entrado de puntillas en la historia de este barcelonista que reinó en su tierra pero que se fue demasiado pronto. Estuvo la mitad de tiempo que su maestro Johan Cruyff, pero fue el arquitecto del mejor Barça de la historia. El camino empezó en agosto de 2008, después de cambios importantes en la plantilla: prescindió de la dupla Ronaldinho-Deco y le dio galones a Leo Messi, que se convirtió en el mejor futbolista de la historia. Así logró la clasificación para la fase de grupos de la Champions League, en una previa ante el Wisla Cracovia.

El proyecto de Guardiola en la liga no empezó bien. El barcelonismo no es un animal paciente, y la derrota en el campo del Numancia en la primera jornada de liga y el empate ante el Racing de Santander en la segunda pusieron nerviosos al entorno. Después del mal inicio, todo empezó a mejorar y los azulgranas se plantaron en el último mes de competición con los tres títulos aún en juego. Primero ganaron la Copa del Rey contra el Athletic Club de Bilbao; unos días después, la liga –la del dos a seis con la invención de la posición de falso nueve para Leo Messi–, y el tercer título fue la Champions League de Roma, la tercera de la historia del club. Pero el ciclo no acababa aquí. Al empezar la siguiente, los de Guardiola tenían que afrontar un reto mayúsculo: ser el primer equipo de la historia en conseguir los seis títulos posibles en un año natural. Y lo hicieron: ganaron la Supercopa de España, ante el Athletic Club, la Supercopa de Europa, ante el Shakhtar Donetsk, y el Mundial de Clubes, que llegaría de manera agónica. En la final el Barça forzó la prórroga con un gol de Pedro en el minuto ochenta y ocho y en la prórroga Messi marcó un gol con el escudo para conseguir el primer sextete de la historia del fútbol.

Dentro de las obras cumbre del Barça de Guardiola está el cinco a cero que le endosó al Real Madrid de José Mourinho, un entrenador que vino para poner en duda la hegemonía de los azulgranas en el fútbol europeo. Se encontraron en la Champions del 2011, en semifinales, y el Barça eliminó al Madrid. Aquella eliminatoria pasó a la historia por la rueda de prensa de Guardiola defendiéndose de los continuos ataques del entrenador portugués del Madrid. «Como el señor Mourinho se ha tomado la licencia de llamarme Pep, yo le voy a llamar a él José». Así empezó un discurso en la sala de prensa: «Mañana a las 20:45 nos enfrentaremos en el campo», continuó. «La Champions de fuera del campo ya la ha ganado, se la regalo. En esta sala él es el puto amo, el puto jefe. Es el tío más listo del mundo. No quiero competir ni un instante. Solo quiero recordarle que estuvimos juntos cuatro años en el Barcelona. Él me conoce y yo le conozco». Y el Barça pasó a la final. El 28 de mayo de 2011 se llevó a cabo otra exhibición futbolística colectiva del mejor Barça de la historia y el equipo de Guardiola, con Messi a la cabeza, ganó de nuevo la Champions, por tres a uno contra el Manchester United en el mítico Wembley. La última temporada de Guardiola en el Barça –nadie lo sabía cuando empezó– comenzó ganando la Supercopa de España ante el Real Madrid y también, el 18 de diciembre de 2011, el Mundial de Clubes de Yokohama, ante el Santos, en otra obra maestra del fútbol colectivo donde Guardiola alineó un once inicial sin delanteros y aplastó al equipo brasileño de principio a fin. «Hoy aprendimos que se puede ser ofensivo con un sistema táctico 3-7-0», dijo el técnico del equipo brasileño Muricy Ramalho en la rueda de prensa pospartido.

Guardiola se despidió como entrenador del Barça el 5 de mayo del 2012, en un derbi ante el Espanyol. El mejor elogio que podemos hacer a Pep Guardiola es saber que, antes de que acabéis de leer este libro, él seguramente habrá encontrado un nuevo elemento disruptivo en su sistema para sorprender a su próximo rival. La obsesión por el trabajo, por el detalle. El hijo pródigo que recogió el libreto de Johan Cruyff y llevó a las más altas cotas de excelencia al Fútbol Club Barcelona. Si se ha acabado *Viva la vida*, de Coldplay, busque *Human*, de The Killers, otro de los temas icónicos del reinado futbolístico de su majestad Josep Guardiola i Sala.

PRESIDENTES

Joan Gamper

Hans-Max Gamper Haessig, natural de Winterthur, Suiza, hombre entusiasta y muy activo, y amante de diversos deportes: jugaba al *rugby*, hacía natación y destacaba como ciclista. Su pasión, sin embargo, era el fútbol. Fue capitán del Basilea y uno de los delanteros estrella del ya extinto FC Excelsior. Llegó con veintidós años, en 1899, a Barcelona, donde hizo amistad con la colonia extranjera que había en la ciudad.

Decidió contribuir a difundir el fútbol y empezó a practicarlo en el barrio de Sant Gervasi, donde residía. Poco a poco maduró el proyecto que tenía de fundar un club de fútbol en la ciudad. El 22 de octubre de 1899 incluyó en la revista *Los Deportes* un pequeño anuncio invitando a reunirse a todos los aficionados extranjeros para la práctica del balompié: «Nuestro amigo y compañero Mr. Kans Kamper, de la Sección de Foot-Vall de la "Sociedad *Los Deportes*" y antiguo campeón suizo, deseoso de poder organizar algunos partidos en Barcelona, ruega a cuantos sientan aficiones por el referido deporte se sirvan ponerse en relación con él, dignándose al efecto pasar por esta redacción los martes y viernes por la noche de 9 a 11».

Solo un mes y una semana más tarde, el 29 de noviembre de 1899, el Gimnasio Solé, del Carrer de Montjuïc del Carme número 3-5, fue el escenario de la fundación del Fútbol Club Barcelona, en aquel entonces llamado Club Football of Barcelona. Los colores elegidos para la camiseta fueron los del FC Basilea, el azul y el rojo –granate–. Durante los primeros años la institución estuvo impulsada por autóctonos y extranjeros; de hecho, de los doce socios fundadores, la mitad eran españoles

y el resto extranjeros afincados en Barcelona. La lista comúnmente aceptada de los doce socios fundadores de la entidad, de ese 29 de noviembre, es: los suizos Otto Künzle y Walter Wild, los ingleses John y William Parsons, el alemán Otto Maier y los catalanes Joan Gamper, Lluís d'Ossó, Bartomeu Ferrades, Enrique Ducay, Pere Cabot, Carles Pujol y Josep Llobet. Walter Wild fue nombrado primer presidente porque Gamper era menor de edad. Wild, como explica Fernando Arrechea en la revista *Cuadernos de Fútbol*, «era monitor de gimnasia en la Sociedad Suiza, socio de la Federación Gimnástica Española y de la Unión Velocipédica Española –motores del regeneracionismo deportivo español– y miembro de la Iglesia Evangélica».

Gamper jugó en el primer equipo del Barcelona desde 1899 hasta 1903. Jugó el primer partido de la historia el 8 de diciembre de 1899, como capitán, y el segundo capitán marcó el primer gol del nuevo club. A Gamper la Ciudad Condal le enamoró. Tanto es así que adoptó el nombre de Joan. En 1908 asumió por primera vez la presidencia. Tenía solamente treinta y un años. Luego la volvió a ocupar en 1910, en 1917, en 1921 y en 1924. Durante la era Gamper se ganaron once Campeonatos de Cataluña, seis Copas del Rey y cuatro Copas de los Pirineos.

Hans Gamper estaba perfectamente integrado en la vida barcelonesa, hasta tal punto que escribía todos sus discursos en catalán, lengua que aprendió antes que el castellano, según el historiador del Barça Manuel Tomás. El 14 de junio de 1925 «se produjo el abucheo a la Marcha Real en Les Corts, en un Barça-Júpiter disputado como homenaje al Orfeó Català. El gobierno se planteó la disolución del club, pero finalmente se decretó su clausura durante seis meses».

Gamper tuvo que exiliarse a Suiza y dejar la presidencia. Sectores de la burguesía catalana afines a la monarquía y al régimen, encabezados por Arcadio de Balaguer y Costa –barón de Ovilvar desde 1930–, asumirían el control del FCB. La dictadura de Miguel Primo de Rivera intervino la institución, cesó a toda su junta directiva y Gamper se exilió. Le permitieron volver tiempo después, pero con una condición: no podía acercarse a la entidad que había fundado, en la que había jugado y que había presidido. Hans Gamper se suicidó a los 52 años –los motivos nunca han quedado claros–, el 30 de julio de 1930, de un disparo en su domicilio barcelonés. El entierro de Hans Gamper fue multitudinario y una impresionante manifestación de duelo para la ciudad, como recoge el diario *La Vanguardia* del 1 de agosto: «Abundaron además las representaciones populares, hasta el extremo de que puede decirse muy bien que todo Barcelona se unió a la sentida manifestación de pésame. En la calle de Gerona el público invadía por completo el tramo comprendido entre la Ronda de San Pedro y la calle de Caspe, frente al domicilio del añado. A las once de la mañana fue sacado de la casa mortuoria, envuelto en la bandera del F. C. Barcelona, el féretro que conducía los restos mortales de don Juan Gamper. Los jugadores del Barcelona y atletas pertenecientes al citado club lo llevaron en hombros hasta la iglesia de San Pedro de las Paellas, donde se entonaron responsos y desde allí, pasando por la calle del Bruch hasta la de Diputación, el largo cortejo dirigiose al local del F. C. Barcelona. Al llegar la comitiva al local del club azulgrana, en la calle Diputación, se situó la presidencia en el patio del mismo, por el que desfiló el duelo, terminando el desfile a las doce y media. Llevaron el féretro Samitier, Sagi, Sastre, Canilla, García, Uriach, Pedrol, Sancho, Arnau, Piera, Serra, Bestit, Llorens y otros elementos de los equipos de fútbol, *rugby*, *hockey* y sección atlética del club. Formaron la presidencia del duelo los hijos del finado, Marcelo y Juan, mosén Luis Sabater, el señor Deop, íntimo amigo del finado, el presidente honorario del Barcelona, señor Peris de Vargas, el cónsul de Suiza en esta ciudad y un representante de la Sociedad Suiza

de Beneficencia. El coche fúnebre iba completamente atesta-
do de coronas, con las que se llenaron dos coches más, figu-
rando en lugar preferente un escudo monumental de flores
naturales, del F. C. Barcelona. Es tarea imposible el pretender
citar, sin omisiones, a todas las personalidades que asistieron
al entierro. Vimos a muchos exjugadores del Barcelona y de
otros clubs, a directivos y exdirectivos del Barcelona y de todos
los clubs de primera categoría de Cataluña. Representación
nutrida de las secciones de *rugby*, *hockey*, ciclismo y atletismo
del Barcelona y de las respectivas federaciones, así como de
las de natación y boxeo, y representantes del Real Madrid y
Real Murcia, señores Parajes y Sampere, respectivamente.
Una vez despedido el duelo, desde el local del Barcelona,
la comitiva se dirigió al Cementerio Nuevo, donde recibió
el cadáver cristiana sepultura. En nombre de la familia y
muy emocionado mosén Luis Sabater agradeció el homenaje
póstumo tributado a la gran figura que ha perdido el fútbol
catalán, recordando el entusiasmo que el finado había puesto
siempre a la contribución en todas sus iniciativas, así como su
gran amor a la región catalana».

Joan Laporta

El 15 de junio del 2003 Joan Laporta, de cuarenta años, el más joven de los seis candidatos a la presidencia del Fútbol Club Barcelona, ganaba las elecciones con 27 138 votos, un 52,6 %. Fueron las más concurridas y las de mayor participación de la historia del club. Laporta es el primer presidente de la historia de la institución escogido democráticamente que dirige el club en dos etapas diferentes.

La primera etapa acabó en 2010 –estuvo siete años en el cargo, con dos mandatos– y volvió a ganar las elecciones nuevamente el 7 de marzo de 2021, unas elecciones marcadas por la crisis del coronavirus. Laporta había hecho oposición a la junta de Josep Lluís Núñez con su plataforma el Elefant Blau –creada en 1997–. Era de fuertes convicciones cruyffistas, tenía en el holandés a uno de sus hombres de confianza, ya había avisado durante la campaña electoral que dedicarían los mejores años de su vida, es decir, los años de madurez profesional, a gestionar la entidad catalana con total dedicación para modernizar la institución. Por eso, bajo el liderazgo de Laporta, acuñaron la expresión de «círculo virtuoso», que trataba de fortalecer al club económica y socialmente para hacer posible un equipo deportivamente ganador, que realimentara la dimensión social de la entidad.

El club quería dejar atrás una etapa directiva gris y Laporta se rodeó de un equipo heterogéneo de jóvenes listos para hacer del Barça un proyecto renovador y regenerador. Les sonarán nombres como Sandro Rosell, Ferran Soriano, Jordi Moix, Javier Faus, Marc Ingla o Alfons Godall. También pusieron

en marcha una iniciativa para que los barcelonistas se hicieran socios del club, la llamaron El Gran Repte. Otra de las máximas de Laporta fue la tolerancia cero con la violencia del entorno barcelonista.

«Si intentamos erradicar la violencia en el estadio y los equipos que vengan a visitarnos traen grupos violentos, tendremos que adoptar medidas para que no entren. A los violentos no los dejaremos entrar», así lo afirmaba el presidente del Barça en el año 2003 en una entrevista en Catalunya Ràdio. De hecho, una de las primeras medidas que tomó al comenzar su mandato fue retirar el apoyo económico a grupos radicales como los Boixos Nois, cerrar el local que tenían en el Camp Nou y cancelar las entradas gratuitas de que disponían para los partidos con la anterior junta directiva. El grupo pidió la dimisión de Laporta, además de haber firmado pintadas en su contra en el entorno del estadio. «Tomaremos todas las medidas necesarias para erradicar la violencia. Vamos por el camino correcto y tenemos el apoyo de la Comisión Antiviolencia», señaló también. Fue uno de los signos de la identidad de su mandato, lo cual le supuso amenazas de muerte por parte de los grupos radicales. «Las inscripciones aparecieron en la fachada de su casa, en una tienda cercana e incluso en el mobiliario urbano. En la entrada de la casa había pintado un punto de mira telescópica, una clara referencia de que los seguidores radicales tienen localizada la vivienda particular del presidente del Barcelona, situada en la zona alta de la ciudad», explicaba el diario *EL PAÍS* en noviembre del 2003.

El objetivo del mandato, desde el punto de vista deportivo, era recuperar la autoestima, sobre todo en el primer equipo futbolístico. El primer año construyó las bases de un equipo que en la temporada 2004-2005 ganó su primera liga y acabó con una sequía de grandes títulos que ya se había alargado seis años. No solo eso, en la siguiente temporada el Barça –catorce años después de ser campeón, en 1992, en Wembley– sumaba su segunda Champions después de ganar la final de París contra el Arsenal.

El segundo mandato de Laporta empezó en agosto de 2006. Laporta fue reelegido al ser el único candidato que se presentó a las elecciones en una contienda electoral que vino después de un proceso judicial por diferencias en la interpretación de la duración de su mandato. La temporada 2006-2007 comenzó con la firma del acuerdo con UNICEF. El club se comprometía a colaborar económicamente con la asociación para la protección de la infancia, y además su anagrama figuraría en la camiseta del primer equipo de fútbol. Se trataba de un planteamiento inédito cuyo objetivo era reforzar la estrategia de convertir al Barça en «más que un club» en todo el mundo.

En el terreno deportivo, después de la Champions de París, el juego del primer equipo no fue el deseado y las tensiones internas en la directiva sacudían también el entorno culé, tan ávido siempre de movimientos. Sobre Laporta pesaba una moción de censura que se celebró el 6 de julio de 2008 y que no llegó a la cifra que establecen los estatutos para que se aprobara. En medio de esta crisis institucional y deportiva llegó el fin de ciclo de Rijkaard y uno de los puntos de inflexión en la presidencia de Joan Laporta: la contratación de Pep Guardiola como técnico del primer equipo masculino de fútbol. En junio de 2008 fue presentado el nuevo entrenador, Josep Guardiola i Sala. Un año antes la junta había confiado en él para ocupar el banquillo del Barcelona B, justo en el momento en que el filial estaba a punto de subir a segunda división.

Después de tan compleja etapa, comenzó la temporada deportiva más brillante de la historia del club: en su primer año el Barça de Guardiola conquistó esa temporada el triplete, con el histórico dos a seis en el Bernabéu incluido, superando al Athletic Club en la final de Copa en Mestalla y ganando la Champions en Roma ante el Manchester United. Era la tercera Copa de Europa en la historia del club. Al comenzar la temporada siguiente, el palmarés se amplió hasta que el Barça se convirtió en el equipo de las Seis Copas gracias a los éxitos en la Supercopa de España, la Supercopa de Europa y, finalmente, el Mundial de Clubes, el único trofeo que el club no había ganado nunca. En la temporada 2009-2010 el Barça ganó la liga y el mandato de Joan Laporta llegó a su final. Agotó los dos mandatos que prevén los estatutos azulgranas. Le sucedió en la presidencia el que había sido su vicepresidente deportivo en el inicio del mandato, Sandro Rosell, que había dejado la junta por discrepancias con el presidente. Laporta mantuvo desde 2010 su papel activo de oposición moderada, hasta que en 2015 decidió presentarse a las elecciones que convocó el presidente Josep Maria Bartomeu. Laporta las perdió y lo volvió a intentar de nuevo en 2021, cuando, esta vez sí, consiguió volver a la presidencia para intentar repetir el modelo deportivo e institucional que tanto rédito le dio en su primera etapa.

En lo que lleva de mandato el primer equipo ha ganado una liga española y una Supercopa de España, y ha tenido tres entrenadores. Ronald Koeman, contratado por la junta anterior; Xavi Hernández, mejor centrocampista del Barcelona y entrenador en el periodo 2021-2024; y Hansi Flick, que completó un sextete de títulos en el 2020 con el Bayern de Múnich y ahora está al frente de un nuevo proyecto para la temporada 2024-2025.

Josep Lluís Núñez

El presidente más longevo del club y el que sobrevivió más veces en la cuerda floja. Estuvo al frente de la entidad barcelonista veintidós años. Su tercer apellido era «resiliencia». Fue presidente desde que ganó las elecciones con aquel eslogan de «Barça triomfant», en el año 1978, hasta que dejó el cargo, en el 2000, después de un conjunto de mandatos. Fue un hombre que desde que llegó a la presidencia conectó con el socio y el aficionado, que buscaba el control del gasto, cuidar el patrimonio y tener la economía del club saneada. El presidente azulgrana intentó desde su llegada al club ganarse la popularidad y el prestigio que no pudo conseguir como el mayor constructor de pisos que fue a principios de los años ochenta. El 20 de junio de ese año el periodista Joan Castelló Rovira entrevistó a Josep Lluís Núñez en Ràdio Barcelona. El flamante nuevo mandatario culé ya dejó claro en esa conversación cuál era su prioridad: «Aunque queramos solucionar una programación a largo plazo, lo que no puede ser es ahora empezar a despedir empleados, no podemos reducir el presupuesto como nosotros queremos. Lo primero que tenemos que hacer es potenciar la plantilla. Ahora es corta y descompensada. Si no lo hacemos, el socio, por muy bien que lo hagamos, no nos dejaría acabar el mandato. O conseguimos un equipo compensado y reforzamos todas las líneas, pero difícilmente resolveremos alguna cosa con un fichaje de un extranjero».

Obsesionado con los números y con que las cuentas cuadrasen a finales de mes, una de sus prioridades fue desde el primer momento dotar al club de una estabilidad económica. En

1979 llegó la primera alegría para Núñez en forma de título, la famosa Recopa de Europa de Basilea, que movilizó a más de treinta mil barcelonistas. Pero a nivel doméstico no fue hasta la temporada 1984-1985 cuando Núñez pudo celebrar su primer título de liga como presidente. Aun así, obtuvo durante mucho tiempo la fidelidad de una masa social que le dio confianza en cierta manera, también porque no había una oposición preparada y organizada de forma sólida para batirle electoralmente y presentar proyectos que fueran ilusionantes. No obstante, sus mandatos se caracterizaron por una búsqueda –a menudo infructuosa– de la paz social entre los diversos sectores del barcelonismo. A nivel deportivo, en los primeros años el equipo de fútbol solo ganó una liga. No fue hasta la llegada del entrenador holandés Johan Cruyff cuando el primer equipo de fútbol cambió su mentalidad y dotó al barcelonismo de una autoestima que hasta el momento no había sido capaz de descubrir. Seguramente su fichaje tuvo más que ver con las ganas de Núñez de evitar que la oposición se apropiase de su figura y tuviera una carta ganadora en su contra.

Cruyff construyó el Dream Team, que con un juego maravilloso ganó la tan ansiada Copa de Europa en Wembley, en mayo del 1992, además de adjudicarse cuatro ligas consecutivas, entre otros títulos. Lo cierto es que la relación entre el Cruyff entrenador y el Núñez presidente fue tormentosa, por usar un término generoso. Fue un pulso entre dos personalidades antagónicas que se ha convertido a lo largo de la historia en el motor de muchas de las luchas por el poder en el club azulgrana. Los famosos «ismos».

Uno de sus secretos para mantenerse tanto tiempo en el club fue la construcción –de casta le venía al galgo– de una estructura jerárquica muy clara, personificada en la figura de su vicepresidente Joan Gaspart, su mano férrea derecha que gestionaba los asuntos controvertidos y también abordaba algunos fichajes. Movido por su obsesión con el patrimonio, durante la presidencia de Núñez, se fortaleció el enfoque en la cantera del Barcelona, con la creación de la Masía, la famosa academia de jóvenes talentos que ha producido jugadores de renombre mundial. Se construyó el Miniestadi y el Museo, en 1984, que ahora lleva su nombre. Vivió el secuestro de Quini y también tuvo que lidiar con el famoso Motín del Hesperia en el año 1988, cuando los jugadores se rebelaron contra la directiva y exigieron mejores condiciones y pagos acusando a Núñez de incumplir sus promesas con ellos. Núñez siempre encontró muchas veces en los futbolistas la excusa perfecta para recortar gastos, acusándoles de peseteros.

En el terreno futbolístico se fichó a Diego Maradona, en 1982, uno de los mejores futbolistas de la historia, en una transferencia récord. Aun así, su paso por el club no tuvo los éxitos esperados y fue más un problema que una solución en algunos momentos. A menudo daba la impresión de que Núñez gestionaba la institución deportiva como una empresa y le molestaban los deportistas. Su foco de atención era que la entidad fuera solvente y no tuviera deudas. Con Núñez al frente del club, el equipo de fútbol conquistó un gran número de títulos, tanto en las competiciones estatales como las europeas. Además, las otras tres secciones profesionales existentes –baloncesto, balonmano y *hockey* sobre patines– consolidaron su protagonismo y se convirtieron en equipos líderes en el ámbito europeo.

Le tocó celebrar los actos de celebración del centenario del club en 1999, pero el clima social del momento, enrarecido por la mala andadura del primer equipo de fútbol, hizo que Núñez decidiera dejar el cargo y convocar elecciones anticipadas para julio de 2000. Las ganó el que había sido su vicepresidente: Joan Gaspart. Tres años después, el nuñismo era historia con la llegada de Joan Laporta a la presidencia del club.

Al margen de su gestión al frente del Fútbol Club Barcelona, fue un hombre con muchos tentáculos, sobre todo fuera del mundo del fútbol. En el año 2011 vivió su momento más dramático: el ya entonces expresidente culé fue condenado a seis años de prisión tras demostrarse que había sobornado a inspectores de Hacienda para favorecer los intereses de su empresa, el grupo inmobiliario Núñez y Navarro. Lo explicaba *El Mundo*: «La sentencia de la Audiencia Provincial de Barcelona considera probado que Núñez y su hijo sobornaron a inspectores de Hacienda con casi un millón de euros para lograr dejar de declarar al fisco en torno a 13,1 millones, entre los años 1991 y 1999». En la misma sentencia también fue condenado su asesor financiero, Salvador Sánchez Guiu, a seis años de prisión y dos millones de euros de multa. Después de que Núñez recurriera la sentencia al Tribunal Supremo, la condena quedó rebajada hasta los dos años y dos meses de prisión. El expresidente cumplió su pena e ingresó finalmente en prisión en octubre de 2014, y fue puesto en libertad un año después. Después de diversos años retirado de la actividad pública, murió a los ochenta y siete años.

Con Josep Lluís Núñez el Barça de finales de los años setenta entró en una dimensión que no había conocido hasta el momento. Ese fue el primer cambio que vivió el club, con sus luces y sus sombras.

Josep Suñol

Ha pasado a la historia del Barça como el presidente mártir debido a su trágica muerte. Fue asesinado durante la guerra civil española, cuando ostentaba el cargo de máximo dirigente de la institución. El 6 de agosto de 1936, mientras ejercía como diputado en el Parlamento de Cataluña, fue detenido y ejecutado por fuerzas franquistas. Los hechos tuvieron lugar cerca de la Sierra de Guadarrama, cuando Suñol estaba en una zona controlada por las fuerzas republicanas y fue detenido al cruzar accidentalmente una línea controlada por las fuerzas franquistas. Fue identificado y detenido, y fue ejecutado sin juicio, junto con sus compañeros de viaje, convirtiéndose en una de las muchas víctimas de la brutalidad y violencia de la guerra civil española. Tal y como explica la documentación oficial del club, su muerte, que no se conoció en Barcelona hasta una semana después, causó una gran conmoción en todos los ámbitos de la sociedad. Como homenaje póstumo, entre el 16 de noviembre de 1937 y el 17 de enero de 1939, la junta directiva barcelonista decidió considerar a Josep Suñol presidente *ausente* del FC Barcelona.

El fusilamiento de Josep Suñol fue el preludio de una de las épocas más difíciles para el club. Su muerte fue un duro golpe para el Barcelona y para la comunidad catalana, ya que era un hombre con una gran personalidad y muy respetado por toda la sociedad catalana. Socio del Barça desde el 12 de febrero de 1925, inició su trayectoria institucional en el club azulgrana el 13 de junio de 1926, cuando entró como vicesecretario a la junta presidida por Arcadi Balaguer, un monárquico convencido y, por tanto, un hombre de signo político muy diferente del suyo. Fue presidente de la Federación Catalana de Fútbol en la temporada 1929-1930. En los años de la República Suñol alcanzó bastante notoriedad tanto por su actividad política, como dirigente de Esquerra Republicana de Catalunya, como por su implicación en el mundo deportivo. En este sentido, fue fundador de *La Rambla. Esport i Ciutadania*, una revista política y de actualidad que reflejaba las ideas y valores republicanos, defendiendo el catalanismo y la democracia. Suñol aprovechó el éxito de *La Rambla* como plataforma para difundir sus opiniones políticas y promover el pensamiento progresista y catalanista. La revista tuvo un importante papel durante los años treinta, permitiendo a Suñol y a otros intelectuales compartir sus perspectivas en un tiempo de gran agitación política en España.

El 27 de julio de 1935 fue elegido presidente del FC Barcelona por aclamación. Los socios confiaron en él para que acabara de enderezar la situación financiera del club, tarea que había comenzado su antecesor Esteve Sala, el cual, ahora como tesorero, y junto con el contable Francesc Xavier Casals, ayudaron a Suñol a cerrar la temporada con un superávit considerable.

Además, en el ámbito deportivo el equipo se proclamó campeón de Catalunya y llegó a la famosa final de Copa de 1936, en que el entonces portero del Real Madrid Ricardo Zamora dio el título a su equipo con una actuación memorable.

El 10 de julio de 1936, menos de un año después de su nombramiento al frente del club catalán, Josep Suñol anunció su dimisión como presidente del Barça en la portada de *Mundo Deportivo*: «En primer lugar, voy a darle una noticia que no se la he dicho a nadie. Usted es el primero en conocerla. Dimito de la presidencia del Barcelona. "No le aceptarán la dimisión, será usted reelegido". Renunciaría en tal caso. Esta continua agitación es demasiado para mí. Mi decisión es firme. Entre mis compañeros de junta directiva hay quien podría ocupar este cargo con merecimientos. "¿No está satisfecho de su balance como presidente? ¿Deportiva y económicamente, no ha registrado el Barcelona una temporada brillante?". Excelente. Le diré a usted más, desde que me hice cargo de la organización de la directiva hace dos años, con plenos poderes concedidos por la asamblea del club hasta terminar la temporada presente de mi presidencia, estoy satisfechísimo de cuanto se ha hecho. El Barcelona camina por sendas de prosperidad y confío en que deportivamente no tardará en volver a ser el gran club que todos deseamos». Menos de un mes después era asesinado.

Walter Wild

Comerciante suizo que tiene el honor de haber sido el primer presidente del Fútbol Club Barcelona. Wild fue uno de los doce participantes que decidieron fundar un nuevo club en la primera reunión, celebrada el 29 de noviembre de 1899 en el Gimnasio Solé de Barcelona. Lo resume Fernando Arrechea en la revista *Cuadernos de Fútbol*: «Se constituyó un "*Foot-ball* Club Barcelona" en la célebre reunión del Gimnasio Solé. *La Vanguardia* del 2 de diciembre citaba que se había "constituido definitivamente en esta capital la sociedad *Foot-ball* Club Barcelona", con una primera junta directiva formada por Walter Wild, Hans Gamper, Luis de Ossó y Bartolomé Terradas. El primer presidente del FC Barcelona fue Walter "Gualterio" Wild. Amigo de Gamper, monitor de gimnasia en la Sociedad Suiza, socio de la Federación Gimnástica Española y de la Unión Velocipédica Española –motores del regeneracionismo deportivo español– y miembro de la Iglesia Evangélica». De hecho, en Barcelona se le conocía como Gualterio porque al principio se creyó que era inglés. Wild, junto con Gamper y Lluís de Ossó, redactó los estatutos del club. Fue elegido presidente de la nueva entidad a petición de Hans Gamper, convocante de la reunión y considerado el fundador, ya que Wild era el asistente de mayor edad. Como estaba todo aún por hacer, Wild también se puso la camiseta de fútbol y el 8 de diciembre de 1899 participó como jugador en el primer partido de la historia del club. Fue un encuentro entre el recién fundado Barcelona y un combinado de jugadores ingleses que vivían en la ciudad. Los azulgranas perdieron por cero a uno.

Tal y como explicaba Carles Viñas en el *Diari Ara* en el año 2012, «el partido se disputó en el campo del Velódromo de la Bonanova, contra un equipo formado por miembros de la colonia británica. Wild llegó a ceder su domicilio particular, situado en la calle Princesa, como nueva morada social de la entidad cuando el club no dejaba de ganar seguidores».

Wild fue presidente del club hasta el 25 de abril de 1901, en total, quinientos trece días. De su mandato la mayoría de historiadores del club destaca su pertinaz empeño en que el Barça pudiera tener su primer campo propio. En la página oficial del Fútbol Club Barcelona se subraya que Wild «mantuvo una lucha diplomática con el FC Català, con el que se disputaba la condición de club decano del fútbol en Barcelona. Entre las actuaciones más destacadas de Wild durante su presidencia cabe destacar su proyecto para que el Barça pudiera tener su primer campo propio –sin tener que compartir con el Català–, el del Hotel Casanovas». Es la zona donde hoy está ubicado el Hospital de Sant Pau de la ciudad de Barcelona.

Su sustituto en el cargo fue el mencionado Bartomeu Terradas. En el *Diari Ara*, Carles Viñas también subrayó que «a raíz de su renuncia, Wild se desvinculó totalmente del fútbol. Solo reapareció con motivo de la boda de oro del club, tras recibir una invitación de la junta presidida por Agustí Montal. Ese día se quedó admirado de la dimensión que había alcanzado ese equipo creado cincuenta años antes por doce aficionados al fútbol».

Fue en 1949 cuando acudió a los actos de celebración del cincuenta aniversario del club y recibió un largo aplauso del público del Camp de Les Corts, puesto en pie. De hecho, Wild comentó emocionado que la satisfacción más grande de su vida fue poder presenciar las fiestas conmemorativas de los cincuenta años de la entidad. Lo resumía *La Vanguardia* el 27 de noviembre de 1949: «Las Corts ofreció ayer el aspecto de gran solemnidad que correspondía al primero de los encuentros de fútbol internacionales combinados por el Club de Fútbol Barcelona para conmemorar sus Bodas de Oro. En la presidencia, con el presidente del club, don Agustín Montal, y todos sus directivos. En las gradas la multitud de aficionados, expectante, curiosa y prestando con su presencia su adhesión a las fiestas conmemorativas. La nota emocionante correspondió al momento de la entrada en el palco presidencial del primer presidente, don Gualterio Wild, acompañado de su distinguida esposa, quienes fueron objeto de una calurosa ovación por todos los espectadores puestos en pie».

Índice